GÜTERSLOHER
VERLAGSHAUS

ABTPRIMAS
NOTKER WOLF

Zwischen Himmel und Erde

Einfälle zu Liebe, Glück und Glauben

Gütersloher Verlagshaus

Bibliografische Information der Deutschen Nationalbibliothek

Die Deutsche Nationalbibliothek verzeichnet diese Publikation
in der Deutschen Nationalbibliografie; detaillierte bibliografische
Daten sind im Internet über https://portal.dnb.de abrufbar.

Die hier versammelten Texte sind zuvor als Kolumne
in BILD DER FRAU erschienen.

MIX
Papier aus ver-
antwortungsvollen
Quellen
FSC® C014496

Verlagsgruppe Random House FSC® N001967
Das für dieses Buch verwendete FSC®-zertifizierte
Papier *Munken Premium Cream* liefert
Arctic Paper Munkedals AB, Schweden.

1. Auflage
Copyright © 2013 by Gütersloher Verlagshaus, Gütersloh,
in der Verlagsgruppe Random House GmbH, München

Coverfoto: © Paul Ripke
Druck und Einband: GGP Media GmbH, Pößneck
Printed in Germany
ISBN 978-3-579-06593-9

www.gtvh.de

Inhalt

Vorwort

Das größte Abenteuer, das es zu bestehen gilt, ist unser Alltag. Im Alltag entscheidet sich, ob wir zu leben und zu lieben verstehen, und auch das höchste Glück muss sich im Alltag bewähren. Nichts ist spannender als der Alltag, weil er uns mehr abverlangt an Ausdauer und Geduld, an Aufmerksamkeit und Gelassenheit, an Einfallsreichtum und Charakterstärke als jeder Abenteuerurlaub. Und wie jedes große Abenteuer birgt auch der Alltag Gefahren. Die größte ist, dass er uns aufzufressen droht. Man sieht es ihm nicht an, der Alltag kommt harmlos und unauffällig daher, mit einer ordentlichen Portion Routine und einem guten Schuss Cleverness scheint er leicht zu bewältigen zu sein, doch plötzlich hat er uns gefressen und als fade, graue Alltagsmenschen wieder ausgespuckt. Dann erleben wir, wie unser Traum vom wahren Leben zerrinnt, und wissen uns nicht mehr zu helfen. Die Alltagsfalle ist zugeschnappt, das Abenteuer vorbei.

So gesehen haben Sie gerade ein Abenteurerhandbuch aufgeschlagen – Wegweiser, Ratgeber und Erfahrungsbericht in einem. Jedes der fünfundachtzig kurzen Kapitel dieses Buches soll Sie dazu ermutigen, Ihren Traum vom wahren Leben zu verwirklichen, bevor die Alltagsfalle zuschnappt. Wie? Indem Sie eine Verbindung zu Gott herstellen – oder Ihre alte Verbindung zu Gott wiederbeleben. Denn mit Gott haben wir ein unvergleichliches Gegenüber. Ein Gegenüber, das unsere Sinne schärft, für unsere Mitmenschen genauso wie für uns selbst, und unsere Augen für die Bedeutung jedes Augenblicks öffnet. Gott ist das eigentliche Abenteuer.

Vielleicht erinnern Sie sich, dem einen oder anderen Kapitel in diesem Buch schon einmal begegnet zu sein. Dafür gibt es eine einfache Erklärung: Sie alle sind als wöchentliche Kolumne in BILD DER FRAU erschienen. In diesem Band vereint, ergeben sie mein ganz persönliches Glaubensbekenntnis.

Gott segne Sie. *Ihr Notker Wolf*

Pralles Leben

Paradies mit Müllhalde

Abends gehen die Römer aus. Fast jede Trattoria der Stadt hat auf der Straße Tische und Stühle aufgestellt, und ab halb 9 sind alle Plätze besetzt, da wird unter freiem Himmel getafelt und geschmaust – den ganzen langen römischen Sommer über. Familiär geht es dabei zu. Mit sechs, acht Mann rücken sie an, die Kinder sind dabei, die Tante ist dabei, der kleine Professore von nebenan ist auch dabei, und dann wird bestellt und gegessen und die ganze Zeit geredet, als hätte man sich seit Ewigkeiten nicht mehr gesehen. Erstaunlich gesittet geht es dabei zu, und trotzdem ungezwungen, trotzdem fröhlich und oft recht laut. Für mich ist es immer wieder ein Vergnügen, den Römern dabei zuzuschauen – Essen in Rom ist eben mehr als Nahrungsaufnahme, es ist ein Ereignis, ein kleines Fest.

Wenn man überlegt, wie viel Fleisch, wie viel Fisch, wie viel Gemüse nötig ist, um allein an einem einzigen Abend alle Mäuler dieser Großstadt zu stopfen ... Es müssen Berge sein. Berge von Fleisch, Berge von Fisch, Berge von Gemüse und Früchten und Gewürzen. Auch Berge von Trauben für den Wein, der überall auf den Tischen steht. Wo kommt das alles her? Aus den Gärten, von den Feldern, den Weiden und Weinbergen Italiens? Der Europäischen Union? Manches vielleicht sogar aus Ländern irgendwo auf der Welt, aus Australien, aus Argentinien, aus afrikanischen Ländern womöglich? Die Weltmeere nicht zu vergessen, die auch ihren Beitrag zu den allabendlichen römischen Schmausereien leisten. Unsere Erde scheint ein Garten Eden von unendlicher Fruchtbarkeit und Fülle zu sein, denn schließlich wird an jedem Abend in Hunderten, Tausenden anderer Städte von Tokio bis San Francisco genauso geschlemmt wie in Rom. Wir, die wir an einem dieser vielen gedeckten Tische ebenfalls sitzen dürfen, haben wirklich allen Grund, zufrieden zu sein. Glücklich zu sein. Dankbar zu sein.

Und dann lese ich: Die Hälfte aller Lebensmittel in der westlichen Welt wird gar nicht verzehrt. Die Hälfte davon landet als Abfall auf dem Müll. Das heißt: Jedes Rind, jeder Fisch, jedes Brot wird nur zur Hälfte gegessen – und zur anderen Hälfte weggeworfen. Ein Skandal. Aber können wir daran überhaupt etwas ändern? Ich glaube, ja. Indem wir zum Beispiel von unserem Bäcker nicht erwarten, dass er kurz vor Feierabend noch dieselbe Auswahl an Broten vorrätig hat wie am Vormittag. Indem wir uns einfach mit dem begnügen, was gerade da ist. Indem wir, mit anderen Worten, unsere hohen Ansprüche ein wenig herunterschrauben. Wir haben ja trotzdem allen Grund, so etwas wie das Erntedankfest mit wirklich dankbarem Herzen zu begehen. Aber wir können es dann mit besserem Gewissen feiern.

Pizzadiplomatie

Darf ich mal kritisieren? Sie wissen, ich bin kein Miesepeter, ich habe mir meinen Blick für alles, was schön und liebenswert an unserer Welt ist, bewahrt, aber manchmal finde ich, sie könnte noch etwas schöner und liebenswerter sein, unsere Welt. So geht es mir zum Beispiel, wenn ich an unsere Einwanderer denke. Gastarbeiter hat man früher gesagt, Menschen mit Migrationshintergrund sagt man heute. Gemeint sind natürlich all die, die unter uns leben, aber nicht als Deutsche auf die Welt gekommen sind.

In diesen Tagen sorgt das Buch eines türkischen Autors für Gesprächsstoff. Er lebt in Deutschland, er kennt die Verhältnisse, und er behauptet, dass wir Deutschen seinen Landsleuten die Integration schwerer als nötig machen. Dass wir in Wirklichkeit unsere Türken nicht haben wollen, und wenn unsere Politiker noch so freundliche Worte für sie finden. Stimmt das? Sind wir unfreundlich zu Fremden?

Offen gesagt: Ich kann den Autor verstehen. Ich habe den Eindruck: Wir sind durchaus freundlich zu Gästen, wenn sie wieder fahren – die letzte Fußballweltmeisterschaft hat das gezeigt. Aber wir sind nicht sonderlich erbaut von Gästen, die bleiben. Nicht, dass wir regelrecht grob wären, wenn sie plötzlich Tür an Tür mit uns leben. Aber wir lassen sie spüren, dass sie Fremdkörper sind – und bleiben. Kann es sein, dass wir unfreundlich aus Unsicherheit sind? Dass uns das Fremdartige im tiefsten Grund einfach nicht geheuer ist?

Wie wir es anders machen könnten, dazu eine kleine Geschichte, die mir ein Freund erzählte: Eine Iranerin besteigt mit ihren beiden Kindern eine vollbesetzte Straßenbahn, holt eine Pizza heraus und gibt jedem ihrer Kinder ein Stück. Pizzaduft erfüllt den Wagen, nicht jeder mag das, Nasen werden gerümpft. Da bricht die Frau weitere Stücke von ihrer Pizza ab und bietet sie den umstehenden deutschen Fahrgästen an. Ja, die haben sie genommen und sogar gelächelt.

Das verstehe ich unter Integration: den anderen aus der Reserve locken, zum Beispiel durch eine großzügige – und kluge! – Geste. Wir können von dieser Iranerin lernen. Mein Vorschlag: Knausern Sie unseren Einwanderern gegenüber nicht mit Gefühlen. Verströmen Sie statt dessen etwas Herzlichkeit.

Unhöfliche junge Leute

Da gab es im Radio eine Sendung über die zunehmende Unhöflichkeit in Deutschland. Hörer riefen an und sagten: Ja, das könnten sie bestätigen. Vor allem junge Leute seien unhöflich. Würden sich in der Straßenbahn breitmachen und ihre langen Beine ausstrecken und gar nicht daran denken, für ältere Leute aufzustehen. Schlimme Zeiten also, und die Hörer, die sich so zahlreich beschwerten, klangen verärgert. Nur einer klang nicht verärgert. Der sagte: Er habe gute Erfahrungen gemacht. Man müsse nämlich mit den jungen Leuten, die ihre langen Beine so unhöflich weit von sich strecken, nur freundlich reden, und schon würden sich dieselben jungen Leute in bereitwillige, nette Mitmenschen verwandeln. Und was soll ich Ihnen sagen? Dieser Beitrag wurde in der Sendung einfach übergangen. Er passte nicht ins Konzept. Dies war eine Sendung für Menschen, die sich ärgern wollten, da störte der gutgelaunte Anrufer nur. Dabei hatte er recht. Ich habe es selbst ausprobiert.

In der Ankunftshalle des Wiener Flughafens stand nämlich eine kleine Chinesin mit einem Packen Werbeprospekte im Arm, aber sie hatte kein Glück. Die meisten gingen achtlos an ihr vorüber, einige schüttelten mürrisch den Kopf, alle fühlten sich belästigt. Na los, sagte ich zu mir selbst, mach ihr eine kleine Freude. Ich ging also auf sie zu, und siehe da: Sie strahlte, als sie mich kommen sah. Lächelnd hielt sie mir ein Heft entgegen. Ich nahm dies, lächelte ebenfalls und zog mit meinem Handgepäck davon. Nach einem kurzen Moment war alles vorüber, aber ich denke mir: Ihr Eindruck von den Menschen auf diesem Flughafen war danach ein anderer. Wenigstens einer war aus der Front der gleichgültigen, unhöflichen Gestalten um sie her ausgebrochen.

Wir haben es doch in der Hand, Begegnungen so oder so zu gestalten. Warum ärgern wir uns lieber, als mit einem freundlichen Wort, einer kleinen Aufmerksamkeit allem Ärger den Boden zu entziehen? Selbst Hunde beschnuppern sich, wenn sich ihre Wege kreuzen, und wir zeigen die kalte Schulter? Nein, der gutgelaunte Anrufer hatte recht: So schlimm sind die Zeiten gar nicht. Vorausgesetzt, wir selbst sind nicht zu feige, auf andere mit ausgestreckter Hand zuzugehen.

Mein Gesicht gehört unters Messer

Am Gesicht des Abtprimas Notker Wolf, also an meinem Gesicht, gäbe es einiges zu verbessern. Nein? O doch. Schauen Sie sich mein Gesicht auf dem Umschlag dieses Buches an – perfekt ist es nicht. Oder mein Bauch! Er zeichnet sich als gut sichtbare Wölbung unter meinem schwarzen Habit ab. Auch nicht perfekt. Ich befürchte: Mit diesem Gesicht und diesem Bauch zieht man keine Blicke auf sich. Offen gesagt, ich staune über mich selbst. Ich staune, dass ich mich mit diesem Gesicht seit 72 Jahren sehen lasse. Ich staune noch mehr, dass es mich nie gestört hat. Und muss einsehen: Ich war rücksichtslos. Ja, ich war rücksichtslos gegen meine Mitmenschen. Denn die erwarten Perfektion. Und wie leicht würde sich Perfektion selbst in meinem Fall herstellen lassen! Hier das Messer angesetzt, dort etwas abgesaugt, und ich wäre schön. Ich würde Blicke auf mich ziehen. Ich würde Bewunderung ernten ...

Spätestens jetzt werden Sie sich fragen: Hat Notker Wolf sie noch alle? Vielleicht sagen Sie auch (ich hoffe das wenigstens): Der Mann sieht doch gar nicht schlecht aus! Jedenfalls habe ich natürlich nie ernsthaft erwogen, mich einer Schönheitsoperation zu unterziehen. Aus zwei Gründen: Erstens laufen wir Mönche außer Konkurrenz. Und zweitens bin ich auch mit meinem alten Gesicht glücklich geworden. Mit demselben Gesicht, mit dem ich auf die Welt kam. Obwohl es nicht perfekt ist.

Es ist also möglich. Und wenn es möglich ist, mit meinem Gesicht und meinem Bauch glücklich zu werden, dann sollte es auch mit Ihrem Gesicht und Ihrem Bauch (usw.) möglich sein. Aber immer mehr Menschen sind felsenfest davon überzeugt, hässlich zu sein – und sich deshalb nicht sehen lassen zu können. Wenn Sie dazugehören, wenn Sie sich also partout nicht ausreden lassen wollen, unansehnlich zu sein, schlage ich Ihnen vor: Ergreifen Sie die glänzende Gelegenheit, sich von der Meinung anderer unabhängig zu machen. Setzen Sie sich zum Ziel, auf das ästhetische Urteil ihrer Mitmenschen zu pfeifen. Schaffen Sie das, werden Sie feststellen: Solche Unabhängigkeit verleiht Ihnen eine Freiheit und eine Kraft, die auf Ihre Mitmenschen viel stärker wirkt als ein perfektes Gesicht. Darauf haben Sie mein Wort.

Seele gesund, alles gesund

Auf der griechischen Insel Kos gab es im Altertum einen Tempel, in dem Krankheiten durch Schlaf geheilt wurden. Schlaftherapie würde man das heute nennen, und ich stelle mir vor, dass in diesem Heiltempel ein beständiges Halbdunkel und völlige Stille herrschte. Sinn der Sache war zweifellos, die Kranken dazu zu bringen, in der Weltabgeschiedenheit des Tempels den ganzen Ballast ihrer Sorgen zu vergessen. Mehr war auch gar nicht nötig. Man war ja überzeugt, dass zwischen Körper und Seele eine enge Verbindung besteht und dass der Körper genesen wird, wenn die Seele wieder ins Gleichgewicht kommt. Alle alten Völker waren davon überzeugt – und erklärten sich körperliche Krankheiten deshalb durch dämonische Angriffe auf die Seele.

Dämonen – das ist gewiss ein sehr altertümliches Wort. Aber es hat eine moderne Bedeutung. Es sind zerstörerische Kräfte, die wir anziehen, wenn wir aus dem inneren Gleichgewicht geraten. Dämonen sind Sorgen, Verbitterung, Angst und Groll – eben alles, was sich in einen Menschen hineinfressen kann. Auch ein schlechtes Gewissen gehört dazu, mit seinen Begleiterscheinungen wie Selbstvorwürfe und quälende Erinnerungen. Fürsten und Könige wussten, was sie taten, wenn sie sich ein Lustschlösschen im Grünen bauten und es »Sans Soucis« nannten, zu deutsch: »Sorglos«. Hier ließen sie alles hinter sich, hier schalteten sie ein paar sorglose, unbekümmerte Tage ein – auch das war Gesundheitsfürsorge.

Wir modernen Menschen kennen den Zusammenhang zwischen Körper und Seele ja ebenfalls. Das macht mich krank, sagen wir, und leiden seelisch, bevor der Körper rebelliert. Warum schenken wir dem Körper dann mehr Beachtung als der Seele? Warum jagen wir nicht die eingebildeten Probleme, die unerfüllbaren Wünsche, den ganzen sinnlosen Stress davon, und reduzieren unsere Sorgen auf die allernötigsten? Die echten? Mit diesen Sorgen können wir nämlich zu Gott kommen und darauf vertrauen, dass er uns beisteht, stärkt und hilft. Mag sein, dass Ärzte und Gesundheitspolitiker mich für verrückt erklären, aber ich bin sicher: Nichts hält so gesund wie ein glückliches Leben, und Gottvertrauen ist die beste Gesundheitsvorsorge.

Jan ist 7 Jahre alt und darf alles. Für alles wird er von seinen Eltern gelobt, und noch jeder dumme Streich des Kleinen erscheint ihnen als Ausdruck höchster Originalität. Seine große Schwester Clara aber, 9 Jahre alt, kann es ihren Eltern nicht recht machen. Für alles wird sie gerüffelt: »Clara, was soll das? Jetzt aber mal schnell. Hast du etwa immer noch nicht ...« – in diesem Stil geht es den ganzen Tag. Jan ist der King, Clara das Aschenputtel, obwohl Jan nur Blödsinn im Kopf hat und Clara ein ruhiges, fleißiges, zuverlässiges Mädchen ist. Solche Kinder gibt es, solche Eltern gibt es, und wahrscheinlich fallen Ihnen selbst Beispiele aus Ihrem eigenen Bekanntenkreis ein. Und womöglich können Sie die Eltern sogar bis zu einem gewissen Grad verstehen: Der kleine Jan hat Charme, er ist ein Herzensbrecher, während Clara mit ihrer zurückhaltenden Art immer im Hintergrund bleibt. Und jetzt schauen wir uns das Gleichnis vom Verlorenen Sohn mal aus der Sicht von Clara an.

Da gibt es den jüngeren Sohn – ein Schlawiner, ein Abenteurer, ein Hallodri. Als dieser nach vielen Jahren Abwesenheit mit gesenktem Kopf wieder zu Hause auftaucht, hat er sein ganzes Vermögen verprasst und verspielt. Und da gibt es den älteren Sohn – ernst, fleißig, zuverlässig. Arbeitet seit Jahr und Tag im Betrieb des Vaters und käme nie auf die Idee, über die Stränge zu schlagen. Für wen aber bestellt der Vater die Musik, schlachtet das beste Kalb und veranstaltet ein Riesenfest? Für den Hallodri. Wundert es uns, dass der ältere Sohn stocksauer ist?

Er ist es jedenfalls, und Clara würde sagen: Kann ich verstehen. Warum wird es von Eltern nie honoriert, wenn du keine Probleme machst? Sicher, wir verstehen auch den Vater, der sich von einer Welle von Freude und Liebe zu seinem missratenen Sohn mitreißen lässt – so viel überschwängliche Großherzigkeit geht unter die Haut, und das Gleichnis vom Verlorenen Sohn ist gewiss eines der schönsten. Aber im wahren Leben sollten wir auch einmal in die Haut von Clara schlüpfen: Dem kleinen Jan sei die hemmungslose Vergötterung durch seine Eltern gegönnt, aber auch Claras sympathische Unauffälligkeit hat hin und wieder Musikanten und Kalbsbraten verdient.

Ein Halt im Strom des Lebens

Neulich hat man eine Umfrage unter Jugendlichen zum Thema Kirche und Gottesdienst durchgeführt. Das Ergebnis hat mich erstaunt. Es kam nämlich heraus: Kirche darf ruhig alt sein. Die jungen Leute stören sich demnach nicht an dem altehrwürdigen Ambiente eines Kirchenraums. Sie lassen sich nicht von der traditionellen Form der Messe abschrecken. Sie finden es auch nicht unzumutbar, einer 2000 Jahre alten Botschaft zu lauschen. Im Gegenteil: Sie erwarten von der Kirche, dass diese den schnellen Wechsel der Moden und Meinungen nicht mitmacht. Dass sie allem Kurzatmigen und Kurzlebigen Widerstand leistet. Dass sie die Kraft aufbringt, Altes zu bewahren. Offenbar haben viele Jugendliche durchaus ein Gespür für den Wert des Alten.

Der Jahreswechsel ist eine gute Gelegenheit, sich einmal Gedanken über das Alte und das Neue zu machen. Wir sind ja immer in Versuchung, das Neue für besser als das Alte zu halten. Neue Erkenntnisse! Neue Gesichter! Neue Handys! Toll! Und am Anfang des Lebens kommt einem alles Neue wie eine Offenbarung vor. Doch wenn man 72 Jahre alt ist wie ich, hat man schon viele solcher Offenbarungen erlebt. Man weiß, dass auch das Alte einmal jung war und auch das Neue in Kürze alt sein wird. Vor allem aber hat man erlebt, wie sich der Strom des Lebens immer mehr beschleunigt hat. Immer schneller fließt dieser Strom, und schnell fließendes Wasser ist gefährlich, es bildet Strudel und Schnellen und kann einen mit- und fortreißen. Bisher hatte ich geglaubt, dass junge Menschen sich gern und willig dem Dahinbrausen des Lebensstroms überlassen, weil der sich wild und lebendig anfühlt. Aber auch sie halten, wie es aussieht, in der Strömung nach etwas Ausschau, an das man sich festklammern kann. Festklammern, um wieder zur Besinnung zu kommen. Und solchen Halt bietet das Neue nicht. Diesen Halt bietet vielmehr die Erfahrung, dass es Altes gibt, das nicht veraltet. Dass es vor Urzeiten gewonnene Einsichten gibt, die niemals überholt sind, und Wahrheiten, die aus der Tiefe der Jahrtausende geschöpft sind. Nennen wir sie ruhig göttliche, ewige Wahrheiten. Meine Hoffnung für jedes neue Jahr ist, dass mehr und mehr junge Menschen in der Kirche diese Wahrheiten finden.

Das tägliche Blutbad in unseren Wohnzimmern

Wenn Sie zu den älteren Jahrgängen zählen, werden Sie sich erinnern: Unsere Eltern mochten keine Gewalt. Sie hatten den Krieg erlebt, sie hatten genug von Mord und Totschlag, und deswegen wollten sie auch im Fernsehen davon verschont bleiben. Sie lehnten es ab, sie hielten Fernsehen für schädlich. Dabei waren die Gewaltdarstellungen in den 50er- und 60er-Jahren geradezu rührend dezent verglichen mit heute. Könnten unsere Eltern (oder Großeltern) das Gemetzel sehen, das sich heute allabendlich in unseren Wohnzimmern abspielt, es würde ihnen die Sprache verschlagen. Sie würden nach Erklärungen für einen solchen Blutrausch ihrer Kinder und Kindeskinder suchen und keine finden. Wie soll man auch verstehen, dass sich tagtäglich Millionen bei Mord und Totschlag und aufgeschnittenen Leichen amüsieren?

Erinnern wir uns noch einmal. Unsere Eltern waren sicher, dass es nicht spurlos an einem Menschen vorübergeht, wenn er Zeuge einer Gewaltszene wird. Dass es erst recht nicht spurlos an ihm vorübergeht, wenn er pausenlos Zeuge von Gewaltszenen wird. Sie wussten, wovon sie sprachen. Sie schleppten die grausigen Bilder brennender Städte und gefallener Kameraden in ihren Seelen mit sich herum. Nein, sie hatten sich nicht amüsiert, als die Bomben fielen. Sie hatten genug. Warum bekommen wir als Fernsehzuschauer nicht genug?

Wohl deshalb: weil wir das Leid nicht spüren. Wir sehen Mörder und Opfer, aber das Leiden, das Mitleiden wird uns erspart. Das Fernsehen präsentiert uns eine Welt, in der Gewalt kein Leiden nach sich zieht. Eine Welt, die aussieht wie unsere Welt, nur ohne gebrochene Herzen und zerrissene Seelen. Auf eine perverse Weise ist damit Wirklichkeit geworden, wovon wir Menschen immer geträumt haben: eine Welt ohne Leid. Wir Christen hatten allerdings geglaubt, dass erst die Gottesherrschaft anbrechen und die Liebe siegen müsse, bevor das Leid ein Ende nimmt. Haben wir uns getäuscht? Oder werden wir von Filmemachern betrogen, die uns alle nur denkbaren Gewaltexzesse ganz ohne Leid anbieten? Was würden unsere Eltern, unsere Großeltern darauf antworten?

Kleine Terroristen

»Zwischen Weihnachten und Neujahr hatten wir die Kinder und die Enkelkinder da«, sagt die Großmutter. »Es war schlimm.« Die Oma ist 61, nach heutigen Maßstäben also keineswegs alt. Sie hat die Welt gesehen, hat mit ihrem Mann in Südamerika gelebt, aber jetzt ist sie mit den Nerven am Ende. »Die Enkelkinder waren rund um die Uhr unzufrieden, maulten, stritten, weinten, und das ärgerlichste: Es ist zu keiner einzigen gemeinsamen Mahlzeit gekommen. Die Kleinen aßen, wann sie wollten.« Kurzum: Die Großeltern fanden's schrecklich, und die Enkelkinder waren unglücklich. Nur die Eltern waren mit sich hochzufrieden. Sie hatten alles richtig gemacht. Jedenfalls waren sie selbst davon hundertprozentig überzeugt.

Wie ist das möglich? Selbstzufriedene Eltern, und alle anderen genervt? Vielleicht ist es so möglich: Als die Eltern in das Alter kamen, in dem man sich seine Meinungen bildet, hieß es: Kindern bloß nichts verbieten! Kinder müssen selbst entscheiden, selbst wählen, selbst wissen, was gut und schlecht für sie ist. Verbieten müsste verboten werden. Deshalb: Eltern – Klappe halten! Erziehung ist Vergewaltigung ... So hieß es damals. Damit begann der Rückzug der Eltern aus der Erziehung. Jetzt brauchten sie nur noch dafür zu sorgen, dass der Nachwuchs auch bekam, worauf er gerade Lust hatte. Und das Ergebnis? Kleine Terroristen. Und immer mehr Großeltern, die mit Schrecken an den nächsten Besuch ihrer Kinder und Kindeskinder denken.

Ich sage nichts Neues. Das Erziehungsexperiment nach dem Motto »Verbieten müsste verboten werden« ist längst gescheitert. Woher sollen Kinder auch wissen, was gut für sie ist? Gehört dazu nicht eine gewisse Reife? Gehören dazu nicht relativ klare Vorstellungen vom Leben? Mit anderen Worten: Fällt es nicht in die Verantwortung der Eltern, ihre Kinder auf das Leben vorzubereiten, durch ihr Vorbild, durch klare Ansagen? Die Großeltern jedenfalls hätten sich ihren Nachwuchs gerne vorgeknöpft. Nicht ihre Enkelkinder – ihre Kinder. Aber Erziehung ist nun mal das heilige Hoheitsrecht der Eltern, also wurde tapfer geschwiegen. So gesehen hat ein Abtprimas es besser. Ich habe keine Kinder. Ich darf den Mund aufmachen.

Ungeduld – die achte Todsünde

Ja, die sieben Todsünden. Bekommen Sie noch alle zusammen? Wie war das gleich noch mal ... Jähzorn? Neid? Völlerei? Hochmut? Geiz? Wollust? Schwerfälligkeit des Herzens? Ja, das stimmt. Für die Kirche sind dies die schwersten, die himmelschreienden Sünden, und wenn wir genau hinschauen, stellt jede eine Form der Maßlosigkeit dar. In einer Zeit der Maßlosigkeit wie der unseren eigentlich gar keine schlechte Idee, mal daran zu erinnern.

Aber keine Angst, ich will Ihnen nicht in alter Manier ins Gewissen reden. Ich finde nur: Es lohnt sich, die Liste der altehrwürdigen Todsünden mal auf den neuesten Stand zu bringen. Zu aktualisieren. Fällt Ihnen dazu etwas ein? Mit welcher Verhaltensweise ruft man heute den größten Unfrieden hervor, mit welcher Einstellung richtet man heute das größte Unglück an?

Ich würde auf jeden Fall die Ungeduld in diese Liste aufnehmen. Wie meinen Sie? Es gäbe Schlimmeres? Ja, monströs ist sie nicht, die Ungeduld. Nicht so monströs wie der Jähzorn oder der Geiz. Die Ungeduld ist eher eine Heuschrecke. Nur fingerlang, aber mit gefräßigen Kauwerkzeugen ausgestattet, befällt sie in riesigen Schwärmen ganze Landstriche. Auch was die Ungeduld betrifft, lässt sich inzwischen von einer Plage sprechen. Wo sie sich niederlässt, bleiben Misstrauen, Groll und Verärgerung zurück.

Ungeduld, das ist: Gleich nach der ersten Enttäuschung mit dem Freund Schluss machen. Gleich denken: Sie hat was gegen mich, wenn sich die Freundin mal nicht meldet. Gleich der Nachbarin die Schuld geben, wenn im Haus etwas schief läuft. Gleich sämtliche Nachhilferegister ziehen, wenn der Sohn mal eine Fünf nach Hause bringt. Gleich die Kollegin als hoffnungslosen Fall betrachten, wenn sie nicht auf Anhieb kapiert. Gleich einen Menschen fallen lassen, wenn er nicht reibungslos funktioniert. Ungeduld, das ist: x-mal am Tag einem Menschen Unrecht tun – und sich genauso oft hinterher über sich selbst ärgern.

Es gibt eine schöne arabische Redeweise. Sie lautet: Ich werde die Geduld bewahren, bis die Geduld selbst die Geduld verliert. Eine Welt, in der sich jeder diesen Vorsatz zu eigen macht, stelle ich mir sehr schön vor.

Von der Kunst, Stroh in Gold zu verwandeln

In einer großen deutschen Tageszeitung las ich einen Artikel, der mich seither beschäftigt. Sein Verfasser war Emanuel Derman, ein herausragender Physiker und weltweit anerkannter Finanzexperte. In diesem Artikel jedoch sprach er weder über Physik noch über Geld. Vielmehr stellte er sich eine Frage, vor der jeder von uns täglich steht: Wie schaffe ich es, meine Mitmenschen besser zu verstehen? Bei einem Wissenschaftler wie ihm hätte ich die Antwort erwartet: durch Diskutieren. Man diskutiert eben so lange mit ihnen, bis ihr Standpunkt klar geworden ist. Doch Dermans überraschende Antwort lautete: durch Einfühlung. Durch Intuition. Indem ich mich selbst zum Schweigen bringe und weder Kritik noch Zustimmung äußere und einfach bloß – zuhöre. Manchmal, schrieb er, sei es sogar nötig, sich den lächerlichsten Unsinn geduldig anzuhören, ohne auch nur den Mund zu verziehen. Mit anderen Worten: Derman rät uns, unser Gegenüber zunächst einmal auf uns wirken zu lassen. Warum? Weil wir dann nicht nur seine Ansichten kennen lernen, sondern Zugang zu seinem innersten Wesen finden.

Den lächerlichsten Unsinn kommentarlos über sich ergehen lassen? Da dürften sich die meisten überfordert fühlen. Unsinn finden wir ziemlich schnell unerträglich. Wer Unsinn redet, der wird abgewürgt. Warum eigentlich? Weil solche Leute unsere Geduld strapazieren? Und weil Geduld nicht gerade zu unseren Stärken gehört? Wenn das so ist, fährt Emanuel Derman in seinem Artikel fort, stehen unsere Chancen, überhaupt etwas zu verstehen, schlecht. Denn jedes tiefere Verständnis für das Leben setzt Einfühlungsvermögen voraus. Geduldiges Zuhören, geduldiges Hinschauen. Also die Bereitschaft, Menschen und Verhältnisse auf uns wirken zu lassen, ohne sie gleich besserwisserisch oder abfällig zu kommentieren.

Das hat mich überzeugt. Und aus eigener Erfahrung möchte ich hinzufügen: Ungeduld ist ein Zeichen für Pessimismus. Der Ungeduldige glaubt, nichts mehr dazulernen zu können. Im Grunde hat er das Interesse an seinen Mitmenschen verloren. Der Geduldige aber hält an der Hoffnung fest, überall und immer etwas Wertvolles zu finden. Er beherrscht die Kunst, Stroh in Gold zu verwandeln.

Der größte Feind der Menschheit

Wer ist der größte Feind der Menschheit? Der Baum. Nein? Doch, ganz bestimmt. Seit Urzeiten kämpfen die Bäume gegen die Menschen und die Menschen gegen die Bäume. Wo heute die Stadt steht, in der Sie wohnen, war ursprünglich ein Wald. Wo heute eine Autobahn verläuft, war ebenfalls ein Wald. Wo immer sich Menschen niederließen, mussten sie zunächst einmal mit Äxten anrücken und Bäume fällen und Wälder zerstören, um für sich Platz zu schaffen. Sicher, vereinzelt dulden wir sie und ertragen ihre Nachbarschaft, am Straßenrand in Reih und Glied gesetzt und unschädlich gemacht, wie Zirkustiere. Aber vertun wir uns nicht – die Bäume sinnen auf Rache. Sie brechen mit ihren Wurzeln durch Asphaltdecken, sie sprengen Mauern, sie haben nur eins im Sinn: verlorenes Terrain zurückerobern und sich auf unsere Kosten wieder breitmachen. In Mexiko sah ich ein ehemals prachtvolles Gebäude aus der Kolonialzeit – Bäume hielten seine Mauern mit langen, starken Wurzeln von allen Seiten umklammert. Wenn wir nicht aufpassen, kommen sie zurück ...

Sie sehen: Beinahe alles und jeder kann zum Feind werden. Weil beinahe alles und jeder uns verdrängen könnte. Die Bäume sind nicht die einzigen. Wer will, kann das ganze Leben als einen Verdrängungskampf verstehen. Die Neue – will sie mich verdrängen? Von dem Platz, der mir zusteht? Von dem Platz, von dem ich selbst eine andere verdrängt habe? Von dem Platz, der sich als Sprungbrett auf einen noch besseren Platz eignet? Verdrängt zu werden ist eine große und beständige Angst. Verdrängt werden von der Seite eines Mannes. Verdrängt werden vom Arbeitsplatz. Verdrängt werden aus der Rolle der beliebten Alleinunterhalterin im Kollegenkreis. Nein, die Bäume sind beileibe nicht die einzigen, die es auf unseren Platz abgesehen haben. Und es stimmt ja: Jeder braucht seinen Platz. Sollten wir da nicht vorsichtshalber alle anderen als Feinde betrachten?

Mit den Bäumen wenigstens haben wir uns schließlich doch arrangiert. Nehmen wir die wunderschönen Parks unserer Großstädte, nehmen wir die ausgedehnten Wälder unseres Landes – aus Feinden sind bewunderte, geliebte Freunde geworden. Könnte uns das mit anderen Feinden nicht auch gelingen?

Gewissenlos lebt's sich bequemer

Eine Lehrerin erzählt aus ihrem Schulalltag. »Mit dem Gewissen kann ich meinen Schülern nicht mehr kommen«, sagt sie. »Die haben gar kein Schuldbewusstsein mehr. Neulich ließ einer das Papier von seinem Schokoriegel einfach auf den Schulhof fallen. Ich stand direkt daneben. Ich bat ihn, das Papier aufzuheben. Er grinste mich an und sagte: ›War ich nicht.‹ ›Ich hab's aber gesehen‹, sagte ich. ›Na und?‹, sagte er. ›Haben Sie Beweise?‹ Damit ließ er mich stehen. Und so etwas passiert ständig. Keiner will's gewesen sein.«

Es ist absehbar: Bald wird sie aufgeben. Wird lieber wegschauen, als einzuschreiten und sich anhören zu müssen: »Haben Sie Beweise?« Wird wegschauen wie ihre Kollegen, die schon aufgegeben haben. Es hat keinen Zweck mehr. Menschen ohne Schuldbewusstsein kriegt man nicht zu fassen. Die sind immun gegen Vorwürfe und Zurechtweisungen. Und – sind sie nicht beneidenswert? Kein schlechtes Gewissen wird sie je quälen, kein Tadel ihnen je etwas ausmachen. »Haben Sie Beweise? Haben Sie mich dabei fotografiert? Nein? Na bitte …«

Offenbar kann man jungen Menschen Schuldbewusstsein nicht nur einreden. Man kann es ihnen auch ausreden. Zum Beispiel mit dem Argument, ohne Schuldbewusstsein würde es auf Erden viel entspannter zugehen. Und man fühlt sich ja tatsächlich mies, als Schuldiger. Als jemand, der sich vertan oder verrannt hat, der ein Unglück heraufbeschworen und womöglich andere mit hineingerissen hat. Dann lieber die Schuld gleich ganz abschaffen; gewissenlos lebt's sich bequemer.

Nur komisch: Die Schuldfrage bleibt. Irgendjemand wird's am Ende doch ausbaden müssen. Offenbar lässt sich die Schuld so leicht nun doch nicht ausmustern. Nur abschieben lässt sie sich leicht. Auf andere. Denn so dreist die chronisch Unschuldigen sich selbst aus der Affäre ziehen, so schnell haben sie einen Schuldigen bei der Hand. Irgendeinen anderen, der als Buhmann, als Schwarzer Peter herhalten muss. Nein, belügen wir uns nicht selbst, wir kommen nicht drum herum. Der einzige Weg, Schuld aus der Welt zu schaffen, ist: sich mutig dazu zu bekennen, zu bereuen und wieder gutzumachen. Auch wenn's im Augenblick unbequem ist.

Was Frauen von Männern unterscheidet

Was ist der Unterschied zwischen Männern und Frauen? Ich wüsste einige zu nennen, ich bin als Abtprimas ja genauso für Frauenklöster wie für Männerklöster zuständig. Aber ich will einen hohen Kriminalbeamten zu Wort kommen lassen. Wir kamen auf Mörder und ihre Motive zu sprechen – das kann im Gespräch mit einem Kommissar schon mal passieren –, und da eröffnete er mir: Frauen töten ihre Männer, um sie loszuwerden. Und Männer töten ihre Frauen, um sie zu behalten.

Ich war verblüfft. Das hieß doch: Wenn Frauen ihre Männer umbringen, dann um sich zu befreien, um endlich gehen zu können. Wenn Männer hingegen ihre Frauen umbringen, dann weil sie genau das verhindern wollen, also um sie nicht frei geben zu müssen. Was mich daran interessierte, das war nicht der makabre Hintergrund unseres Gesprächs, sondern etwas anderes, nämlich: dass es auch in diesem Grenzbereich menschlicher Beziehungen in erster Linie um Freiheit geht. Um die ersehnte Freiheit einerseits, um die verweigerte Freiheit andererseits. Offenbar halten nicht wenige Männer ihre Frauen immer noch für ihren Besitz. Sich selbst verstehen sie als Jäger und ihre Frauen als Beute. Und genauso offenbar wollen Frauen nicht das Eigentum ihrer Männer sein. Der Kriminalbeamte bestätigte mit diesem Beispiel, was meines Erachtens eine Grundregel jeder menschlichen Beziehung ist: dass auf Dauer keine glückliche Liebe oder Ehe ohne Freiheit möglich ist.

In diesem Punkt gleichen sie sich nämlich, die Frauen und die Männer. Liebe heißt ja, sich in Abhängigkeit zu begeben, um sich gegenseitig zu größerer Freiheit zu verhelfen. Einer soll durch die Liebe des anderen die wunderbare Erfahrung machen, sich gemeinsam besser entfalten zu können als allein. Ein Mann, der in der Liebe seine Selbstbestätigung sucht, ist genauso auf dem Holzweg wie eine Frau, die ihren Mann mit ihrer Liebe und Fürsorge zu ersticken droht. Die Freiheit ist für die Seele, was die Atemluft für den Körper ist, und je näher man sich kommt, je enger man zusammenrückt, desto wichtiger wird die Luft der Freiheit. Wenn die Männer nur lernen würden, dass es nicht ihnen allein so geht.

Jesus am Meer

Die großen Ferien stehen vor der Tür – und ich habe eine Überraschung für Sie: den passenden Bibeltext! Einen Text, der erzählt, wie Jesus Ferien machte. Sie stutzen? Davon haben Sie nie gehört? Das glaube ich. Jesus in den Ferien – das ist kein Predigttext. Aber sie können die Episode in Matthäus 15 und Markus 7 nachlesen. Oder sich hier von mir erzählen lassen.

Es war so, dass sich Jesus irgendwann regelrecht verfolgt fühlte. Verfolgt von den Menschen, die ihn als Redner erleben wollten, von den Kranken, die von ihm geheilt werden wollten, von den Sittenwächtern, die ihm Verfehlungen nachweisen wollten, von den Vertretern der Staatsmacht, die ihn unschädlich machen wollten. Und da war es ihm eines Tages zu viel. Er brauchte Abstand, er wollte nicht immer auf der Hut sein müssen. Nun grenzt Galiläa an Phönizien, und die Phönizier waren das sagenhaft reiche Seefahrervolk, das seit einem Jahrtausend den Seehandel im Mittelmeerraum beherrschte. Die Phönizier hatten die besten Schiffe und die elegantesten Städte – die phönizische Hauptstadt Tyros muss man sich so prachtvoll wie Venedig vorstellen. Und Jesus sagte: Lasst uns nach Tyros gehen. Da kennt uns keiner, da lässt man uns in Ruhe.

Gesagt, getan. Sie brachen auf, der ganze Tross aus Jüngern und Frauen, und ein paar Tage später standen sie am Meer. Sie standen am Strand und sahen zum ersten Mal in ihrem Leben das Mittelmeer, strahlend blau und endlos weit. Sie waren die graugrüne Hügellandschaft Galiläas gewöhnt, sie kannten das fruchtbare Jordantal und die gleißenden Sanddünen der jüdäischen Wüste, aber das hier, das war etwas anderes. Das war überwältigend und herzzerreißend schön. Ist Jesus hier als erstes der Psalm 104 auf die Lippen gekommen, der die Großartigkeit der Schöpfung preist? Und darf man sich vorstellen, dass sie nun alle – die Männer wenigstens – sich ihre staubigen Kleider vom Leib rissen und in die Wellen eintauchten? Jauchzten, lachten, ihren Spaß im Wasser hatten? Bei Markus und Matthäus liest man davon nichts. Da erfährt man nur, dass sie sich ein paar Wochen lang an der Küste, in Tyros und Umgebung, aufhielten und dann nach Galiläa zurückkehrten. Aber unwahrscheinlich ist es doch nicht, dass Jesus diese Wochen am Meer in vollen Zügen genossen hat.

Wohin soll ich mich wenden?

Von Rom aus möchte ich Ihnen ein großes Kompliment machen. Ihnen in Deutschland. Ich weiß natürlich nicht genau, wie es in anderen Ländern aussieht, aber – ich staune immer wieder, wie viele Menschen in Deutschland uneigennützig und unentgeltlich, nämlich ehrenamtlich Gutes tun. Wie viele den Hilflosen helfen, den Einsamen Gesellschaft leisten und den Verzweifelten Hoffnung zusprechen, ohne einen Cent dafür zu nehmen – jeder einzelne von ihnen ein Hoffnungsschimmer, alle zusammen das Licht, das in der Finsternis scheint. Und ob sie es wissen oder nicht: Jede Wohltat, die sie einem Menschen zukommen lassen, wird auch von Gott als Wohltat empfunden; so lesen wir es im Matthäusevangelium. Ich staune über dieses Ausmaß an Hilfsbereitschaft nicht nur, ich bin auch glücklich darüber.

Greifen wir nur ein Beispiel heraus: die Telefonseelsorge. Hundert und mehr Ehrenamtliche sind es in jeder Großstadt, die Tag und Nacht abwechselnd im Einsatz sind. 8000 sind es in Deutschland insgesamt auf ihrer Seite des Telefons. Und auf der anderen Seite? 2 Millionen im Jahr, habe ich erfahren. Das sind 5500 täglich, die sich nicht mehr anders zu helfen wissen. Es kommt vor, dass einer tatsächlich schon auf der Brücke steht, wenn er anruft. Und es kommt vor, dass dieser Anruf ihn tatsächlich davon abhält, den letzten Schritt zu machen. Aber Menschen mit Selbstmordgedanken sind eher die Ausnahme. Viele Anrufer sind mit einem akuten Problem überfordert. Andere sind psychisch gestört. Und viele, vielleicht die meisten, leiden vor allem unter ihrer Einsamkeit. Es gibt Menschen, deren einziger Kontakt im Leben der anonyme Mitarbeiter der Telefonseelsorge ist.

Nachts häufen sich die Anrufe. Dann liegen sie in der Dunkelheit wach und finden keinen Schlaf, von längst vergangenen Erniedrigungen gepeinigt oder frischen Schicksalsschlägen gequält, und greifen zum Hörer. Nichts ist einfacher als das, kein anderes Hilfsangebot ist leichter anzunehmen. Und die ersehnte Stimme am anderen Ende gehört einem Menschen mit viel Erfahrung – zwei Jahre dauert die Ausbildung zum Mitarbeiter der Telefonseelsorge. Muss er ein Christ sein? Keineswegs. Er muss nur das Jesuswort beherzigen: »Ich war hungrig, und ihr habt mir zu essen gegeben. Ich war krank, und ihr habt mich besucht.«

Sodom, damals

Wer die Bibel liest, muss mit allem rechnen. Ihre Verfasser sind nicht zimperlich, und oft sind ihre Geschichten so drastisch wie das Leben selbst. Machen Sie mit mir einen Abstecher nach Sodom, und Sie werden sehen: Sie brauchen nicht nach *Shades of Grey* zu greifen, wenn Sie Triebhaftigkeit in ihren bizarrsten Schattierungen studieren wollen. Die Bibel hat da Gleichwertiges zu bieten.

Also, Sodom vor etwas mehr als 3000 Jahren. Die Stadt in der glutheißen Jordansenke hat den Ruf, ein Treibhaus für jede Art von Ausschweifung zu sein. Abrahams Neffe Lot, der dort mit seiner Frau und seinen beiden Töchtern wohnt, fühlt sich in ihren Mauern indessen recht wohl. Eines Tages lädt er zwei durchreisende Unbekannte ein, unter seinem Dach zu nächtigen. Die beiden sind in Wirklichkeit Engel des Herrn, aber das weiß Lot nicht, und während er sie mit Kuchen bewirtet, erhebt sich draußen ein großes Geschrei: »Rück die beiden Fremden raus! Wir wollen uns über sie hermachen!« Die halbe Stadt hat sich vor seinem Haus zusammengerottet, um es mit Lots Übernachtungsgästen zu treiben. Lot kommt in schwere Bedrängnis. Ihrem Ansinnen nachzugeben wäre gegen die heilige Gastfreundschaft, aber irgendwie muss er den Mob beruhigen, also verfällt er auf die Idee, den tobenden Männern seine beiden Töchter als Ersatz anzubieten. Damit ist die geifernde Meute aber nicht zu besänftigen, und Lot kann gerade noch ins Haus zurückschlüpfen, bevor sie über ihn selbst herfallen.

Drinnen raten die beiden Männer Lot dringend, die Stadt am nächsten Morgen in aller Frühe mitsamt seiner Familie zu verlassen, wenn er nicht in ihren Untergang hineingezogen werden will. Denn das ist bei Gott beschlossene Sache: Sodom, diese Brutstätte von Sexgier und Gewalt, muss zerstört werden. Lot aber will gar nicht fort. Er scheint unter den Verhältnissen nicht sonderlich zu leiden; die Engel müssen ihn regelrecht aus der Stadt hinausdrängen. »Lauft«, sagen sie, »und schaut nicht zurück!« Wenig später fällt Feuer und Schwefel vom Himmel, Sodom geht in Flammen auf, und weil sich Lots Frau nun doch umschaut, erstarrt sie zu einer Salzsäule.

Lot aber flieht mit seinen beiden Töchtern ins Gebirge, wo sie in einer Höhle Zuflucht finden. Die ungewohnte Einsamkeit allerdings ist nichts für die Mädchen. Wer wird hier draußen mit ihnen schlafen, wer wird sie schwängern? Sie beschließen, ihren Vater zu verführen. Eine Verlegenheitslösung, zweifellos, aber der Plan wird unverzüglich in die Tat umgesetzt. Erst macht die ältere Lot betrunken, bevor sie die Nacht mit ihm verbringt, dann die jüngere. Und siehe da – kein Strafgericht folgt. Gott lässt ihnen den Inzest durchgehen. Ganz folgenlos bleibt der allerdings nicht, denn beide werden schwanger, beide bringen über das Jahr einen Sohn zur Welt, und damit verliert sich die Spur von Lot und seiner Familie aus der Geschichte.

Sie sehen: Man kann den Verfassern der Bibel nicht vorwerfen, lebensfremd gewesen zu sein. Die Bibel ist durchaus nicht immer erbaulich, aber stets realistisch – ein Spiegel ihrer Zeit. Oder, wie hier, ein Spiegel menschlichen Einfallsreichtums in prekären Situationen. Hätte Lot seine beiden Gäste ausliefern und gegen das heilige Gebot der Gastfreundschaft verstoßen sollen? Hätten sich seine Töchter mit der Schande der Kinderlosigkeit abfinden sollen? Menschen suchen Auswege, und wenn es hart auf hart kommt, machen sie sich dabei manchmal die Hände schmutzig – auch daraus macht die Bibel keinen Hehl.

Wenn Sie jetzt neugierig geworden sind – die Sodom-Erzählung finden Sie im 19. Kapitel des ersten Buches Mose.

Lasst eure Kinder frei!

Philipp ist 19. Er hat sein Abitur gemacht und möchte jetzt etwas von der Welt sehen. Die nächsten drei Monate wird er sich in Indien, Neuseeland und Australien herumtreiben. Ich beneide ihn. Ausbrechen aus dem gewohnten Leben, Neues wagen und Neues kennenlernen – ich kann ihm nachfühlen, wie sehr er sich darauf freut, das Alte hinter sich zu lassen. Für ihn ist die Reise der verheißungsvolle Auftakt zum nächsten Lebensabschnitt. Eine Befreiung.

Vielleicht beneiden auch die Eltern ihren Sohn. Auf jeden Fall gönnen sie ihm diese Reise. Aber dann ist ihr Philipp weg, von einem Tag auf den anderen, wo er sonst doch jeden Abend nach Hause kam. Die Leere ist schwer zu ertragen. Sicher, es gibt heute iPhones. Aber Philipp macht selten davon Gebrauch – er erobert sich gerade seine Freiheit, und er würde sich deutlich weniger befreit fühlen, wenn er ständig zu Hause anrufen würde. Er ist in ständiger Bewegung, fast wachsen ihm Flügel, doch seine Eltern daheim bleiben stehen. Bleiben stehen, ohne es zu merken. Sie wollen die letzten Tage und Wochen mit ihm festhalten, aber die Zeit mit ihm wird immer mehr zur Vergangenheit, und sie müssen immer weiter zurückblicken.

Nicht, dass sie Philipp gram wären. Aber die Lektion, die ihr Sohn ihnen erteilt, ist für Eltern schwer zu schlucken: Ihre Wege werden sich von nun an trennen. Klar war das von Anfang an – wir zeugen und erziehen unsere Kinder nun einmal nicht für uns. Aber ist es uns als Eltern auch immer bewusst, dass wir den Kindern nichts Besseres als die Freiheit wünschen können? Dass wir sie laufen lassen müssen, damit sie erwachsen und selbstständig werden? Dass wir nun sogar der Versuchung widerstehen müssen, gleich helfend einzuspringen, wenn sie Fehler machen, wenn sie auf eine Niederlage zusteuern? Denn von nun an profitieren Kinder mehr von dem Vertrauen, das die Eltern ihnen entgegenbringen, als von ihren gut gemeinten Ratschlägen. Oder ihrem Geld. Wie sagte mir einmal eine betagte italienische Mutter, deren Sohn viel in der Welt herumreiste und sich manche Eskapade leistete? »Ich bete für ihn«, meinte sie bloß und arbeitete ruhig in ihrer Küche weiter.

Zerbrechliche Wesen sind wir alle

»Es lässt sich ja kaum noch jemand helfen«, sagte mir ein junger Mann, der handwerklich außerordentlich geschickt war. »Ich traue mich schon gar nicht mehr, meine Hilfe anzubieten.« Ja, wir werden immer selbstständiger. Wir brauchen keine Hilfe mehr. Wir machen jetzt alles selbst. Die Hilfsbedürftigen sterben aus, und eines Tages werden menschliche Helfer überhaupt nicht mehr gefragt sein. Oder wollen wir uns nur nicht helfen lassen? Bringen wir es bloß nicht mehr über uns, fremde Hilfe anzunehmen? Was, ich soll auf Sie angewiesen, ich soll hilflos sein? Wo denken Sie hin!

Eigentlich ist ja gegen Selbstständigkeit gar nichts zu sagen. Mit unselbstständigen Menschen habe ich nicht gern zu tun. Aber wahr ist auch: Wir sind nicht jeder Situation gewachsen, ob die Not nun groß oder klein ist. Manchmal würden wir Hilfe schon brauchen. Nur – wer überwindet sich noch zuzugeben: Ich brauche dich? Wer bringt es noch über die Lippen, das Sätzchen: Bitte, hilf mir? Wir sind doch nicht klein und hilflos. Wir kennen keine Niederlagen, wir brauchen deshalb auch keinen Beistand und schon gar keinen Trost – unser Siegerimage könnte sonst Kratzer bekommen. Nein, nichts ist schlimmer, als hilfsbedürftig zu erscheinen ...

Andererseits – dass jemand uns braucht, hören wir gern. Wenn jemand unsere Hilfe in Anspruch nehmen möchte, sind die meisten von uns gleich zur Stelle. Es ist doch ein

Glück, von einem Menschen zu hören: Ich brauche dich! Es ist doch niederschmetternd, gesagt zu bekommen: Ich brauche dich nicht mehr! Man schrumpft zu einem Häufchen Elend, wenn man erfährt: Du bist überflüssig! Warum fällt es uns dann so schwer, andere in Anspruch zu nehmen, wenn echte Not am Mann ist? Also bitte keine falsche Scham. Denn zuzugeben, dass man jemanden braucht, ist in Wirklichkeit ein Zeichen von Stärke. Es ist mutig, seine Bedürftigkeit offen einzugestehen. Zerbrechliche Wesen sind wir nämlich alle, und die Größe eines Menschen zeigt sich nicht zuletzt, wenn er sich offen dazu bekennt. Und mit der Beschämtheit ist es doch in dem Moment vorbei, wo der Helfende aus seinen Schwächen ebenfalls kein Geheimnis macht.

»Schwachsein erlaubt« – wie gut würde dieser Satz über jedes Kirchenportal passen. Es ist ja keine Schande. Und der handwerklich geschickte junge Mann lässt sich gern belästigen ...

Am Anfang war das Wort

Zwei Augen sehen mehr als eins

Es fällt uns schon gar nicht mehr auf, aber – immer, wenn es um die Wahrheit geht, ist allein der Verstand gefragt. Der kühle, kritische, analysierende Verstand. Also der Verstand von Wissenschaftlern. Von Hirnforschern zum Beispiel, die uns erklären, wie wir denken. Denn bei uns ist die Wissenschaft für die Wahrheit zuständig. Sie forscht, sie experimentiert, sie berechnet, misst und zählt und liefert uns am Ende Ergebnisse, denen wir vertrauen, weil sie richtig sein müssen.

Was nicht wissenschaftlich bewiesen ist, darf bezweifelt werden. Muss sogar bezweifelt werden. Es könnten sich ja Gefühle eingeschlichen haben. Oder, noch schlimmer, was Religiöses. Der Glaube zum Beispiel. Aber damit kommt man nicht weiter. Das stiftet nur Verwirrung. Wo es um die Wahrheit geht, muss man sich vor Gefühlen hüten. Und erst recht vor dem Glauben. Nur wenn der Verstand, der wissenschaftliche Verstand, alles Gefühl und allen Glauben ausgetrieben hat, kommt man zu richtigen Erkenntnissen. Erst dann kann man von Wahrheit sprechen.

Glauben Sie das? Viele glauben das. Ich gehöre zu denen, die das nicht glauben. Warum? Weil es neben der berechenbaren Welt der Wissenschaftler noch eine zweite, eine unberechenbare Welt gibt. Weil es neben der äußeren Welt noch eine innere Welt gibt. Das ist die Welt, die wir Menschen erleben, wenn wir lieben und hassen, leiden und lachen, hoffen und träumen. Und diese Welt ist dem schärfsten Verstand nicht zugänglich. Diese unberechenbare Welt des brodelnden, strömenden, schäumenden oder still fließenden Lebens lässt sich nicht zählen, wiegen oder messen. Sie lässt sich nur mit dem Gefühl begreifen – und mit dem, was unsere Glaubenserfahrungen uns gelehrt haben. Denn davon handelt der Glaube: von der unberechenbaren Welt der Seele. Und deshalb gibt es auch zweierlei Wahrheiten. Die Wahrheit des Verstandes gibt uns Auskunft über die Frage: Wie ist die Realität beschaffen? Die Wahrheit des Glaubens aber beantwortet die Frage: Was ist für uns von Wert? Was von Bedeutung? Was tut uns gut? Und was nicht? Lassen Sie mich so sagen: Verstand und Glaube sind wie ein Augenpaar. Warum sollten wir uns das eine Auge zuhalten, wenn wir die Wahrheit erkennen wollen?

Zur Ruhe kommen

Ist Ihnen schon aufgefallen, dass die meisten religiösen Praktiken – beten, schweigen, singen, zuhören – dasselbe Ziel verfolgen, nämlich: zur Ruhe zu kommen? Man könnte auch sagen: die Wogen im eigenen Inneren zu glätten? Vielleicht war es Ihnen nicht bewusst, aber Sie haben es gespürt, immer dann, wenn Sie eine Kirche betraten. Sie haben gespürt, dass der weite, hohe Raum eine andere Botschaft aussendet als die Welt da draußen, die Welt der Geschäfte, Büros und Kaufhäuser. Der Schritt verlangsamt sich in einer Kirche wie von selbst, das Auge wandert, neugierig geworden, umher, das Ohr trinkt genüsslich die Stille. Selbst eine künstlerisch wertlose Kirche vermag diesen Eindruck der Ruhe zu erwecken, diese Vorstellung einer anderen, friedvollen Welt.

Religion ist meistens leise, und selbst wenn sie einmal laut wird, zielt sie darauf, das Chaos der Gedanken und Gefühle im eigenen Inneren zu bändigen. Kein Wunder, dass sich heute viele aus dem Vorrat religiöser Praktiken bedienen, auch wenn sie mit Religion sonst nichts zu tun haben wollen. Was einmal Mönchen, Nonnen oder Priestern geholfen hat, sich zu sammeln und Ruhe zu finden, das wirkt bei jedem. So wird die Meditation heute zum Beispiel als Heilmittel gegen den Burnout gepriesen, sie soll vor Erschöpfungszuständen schützen. Meditation heißt eigentlich Nachsinnen, was ein sehr schönes Wort ist, weil es an Konzentration denken lässt, aber ohne alles Bemühte oder Angestrengte. In der Meditation fließen die Gedanken leicht und wie von selbst. Das Wort kann aber auch Vorbereitung bedeuten, und in diesem Sinn ist Meditation eine Methode, sich für das hektische Alltagsleben zu wappnen. Wer den Strapazen und Aufregungen dieses Lebens mit innerer Ruhe begegnet, meistert Situationen, in denen andere den Kopf verlieren. Innere Ruhe ist Stärke, und innerer Friede gibt Sicherheit.

Und noch etwas kommt hinzu. Religiöse Praktiken wie Meditation öffnen die Augen der Seele und die Ohren des Herzens. Und wer mit solchen Augen sieht, wer mit solchen Ohren lauscht, der wird auch die tiefere Dimension unserer Wirklichkeit wahrnehmen.

Ein Buddhist liest die Bibel

Man kann sich das kaum noch vorstellen, aber – lange Zeit war die Bibel das meistverkaufte und meistgelesene Buch, auch bei uns. Meistgelesen schon deshalb, weil viele sich die Bibel immer wieder vornahmen, manche täglich. Die verschwand nicht auf Nimmerwiedersehen im Bücherregal, nachdem man sie durchgelesen hatte. Ich erinnere mich an die Bibel einer alten Dame: Als sie starb, gab es in dieser Bibel kaum noch eine Stelle, die nicht sorgfältig unterstrichen gewesen wäre – wobei ihre Besitzerin verschiedenfarbige Stifte benutzt hatte. Welches System sie ihren Markierungen zugrunde legte, weiß ich nicht, jedenfalls war ihre Bibel übersät mit blauen, roten und gelben, sauber gezogenen Linien. Ganz offensichtlich hatte die Bibel die allergrößte Bedeutung für sie gehabt. Sie muss ihre tägliche Inspirations- und Kraftquelle gewesen sein.

In die heutige Zeit scheint die Bibel nicht mehr zu passen. Dabei hat sich zumindest eines nicht geändert: Nach wie vor suchen die Menschen, auch bei uns, in Büchern nach solchen Inspirations- und Kraftquellen. Wie sonst wäre die Flut von Ratgeberliteratur zu erklären? Menschen, die früher in ihrer Ratlosigkeit zur Bibel gegriffen hätten, greifen heute zu Büchern wie »Sorge dich nicht, lebe!«. Oder, wenn es etwas Religiöses sein soll, zu den Werken buddhistischer Autoren. Umso verblüffter war ich zu hören, dass der bekannteste buddhistische Guru der letzten Jahrzehnte die Bibel gründlich studiert hat. Ich spreche von

Baghwan, der sich später in Osho umbenannte – viele von Ihnen werden sich an ihn und seinen Ashram in Poona erinnern. Dieser Baghwan las nicht nur fleißig die Bibel, er hielt auch Vorträge über Jesus Christus. Das muss man sich einmal vorstellen: Da strömen ihm die jungen Menschen aus dem christlichen Europa und Amerika zu Tausenden zu, und er hält ihnen Vorträge über Jesus! Und erklärt ihnen, dass Jesus der größte unter den Erleuchteten war, größer als Buddha, größer als alle seine Nachfolger! Da denke ich mir: Seine westlichen Schüler hätte es leichter haben können. Sie hätten daheim nur ihre Bibel aufschlagen müssen. Aber vielleicht brauchen wir ja den Anstoß von außen. Einen Buddhisten, der uns erklärt, welchen Schatz wir mit unserer Bibel besitzen.

Stellen wir uns Jesus als heiteren Menschen vor

In seinem Film »Die Milchstraße« lässt der große spanische Filmregisseur Luis Buñuel neben Pilgern und Heiligen auch Jesus selbst auftreten. Und was sieht man da? Einen etwas rundlichen jungen Mann, der so heiter und ausgelassen wie ein Kind durch eine Heidelandschaft läuft, hüpft, springt. Das soll Jesus sein? Dieser lustige, unbekümmerte Mensch, der am Leben einfach nur seinen Spaß zu haben scheint? Können wir uns Jesus so vorstellen? Dürfen wir das?

Ja. Denn dieser lebenslustige Jesus ist kein freches Fantasieprodukt eines respektlosen Regisseurs. Diesen Jesus finden wir auch in den Evangelien. Vergessen wir also einmal alles, was sich uns an Jesusbildern eingeprägt hat. Vergessen wir den strengen Weltenrichter, den ernsten Guten Hirten, den leidenden Gekreuzigten, und stellen uns Jesus auf der Hochzeit von Kana vor (Johannes 2, 1-10), wie er von einem zum anderen geht, alte Bekannte umarmt, mit jedem einen Schluck Wein trinkt, die halbe Nacht feiert und lacht und am Ende auch noch Wasser in Wein verwandelt, damit die Party weitergehen kann. Überhaupt, der Wein! Jesus kann kein Verächter eines guten Tropfens gewesen sein, wenn seine Gegner ihn als »Fresser und Säufer« beschimpfen (Matthäus 11, 16). Und was das gute Essen angeht – es ist nicht bekannt, dass Jesus jemals eine Einladung zum Festessen ausgeschlagen hat; ganz offenbar ließ er sich gerne gut bewirten (Lukas 5, 29; Lukas 7, 36). Kurzum: Jesus war den Freuden des Lebens zugetan – und nicht nur das. Der lange Tisch, an dem sich ganz unterschiedliche Menschen zu einem Festmahl versammelt haben und vergnügt, womöglich ausgelassen trinken und schmausen – dieser lange gedeckte Tisch ist für Jesus ein Bild für den Himmel. So müsst ihr euch die Seligkeit im Reich Gottes vorstellen, sagt er (Matthäus 22, 1-10).

Buñuel könnte mit seinem heiteren, lebenslustigen Jesus also durchaus recht haben. In unseren Predigten kommt er leider zu kurz. Und unsere Prediger sollten sich vielleicht zu Herzen nehmen, was Jesus denen rät, die gerade fasten: Schaut nicht so grämlich! Macht nicht so ein sauertöpfisches Gesicht! Ich bin mir jedenfalls sicher: Wer den Glauben ernst nimmt, den erkennt man an seiner Lebensfreude, nicht an seiner Leichenbittermiene.

Weihnachten – nicht von dieser Welt

Wir nähern uns Weihnachten, und ein seltsames Gefühl überkommt mich: das Gefühl, auf den Höhepunkt des Jahres zuzusteuern. Wissen Sie, was ich meine? Ob wir fromm sind oder nicht – von Weihnachten geht ein Glanz aus, der alle andere Feste des Jahres überstrahlt. Kein anderes verbindet sich so stark mit dem Gefühl der Freude. Kein anderes kann uns in solche Hochstimmung versetzen. Kein anderes beschenkt uns mit Bildern und Liedern von solcher Schönheit. Was wäre das Jahr ohne Weihnachten? Es würde sang- und klanglos in Dunkelheit und Kälte versinken. Doch gottlob – der alte Zauber wirkt noch. Nach wie vor ist Weihnachten der Inbegriff eines Festes, und selbst dem Unfrömmsten ist am 24. Dezember plötzlich nach Gottesdienst zumute.

Erstaunlich eigentlich. Denn gefeiert wird ja mittlerweile unentwegt. Rockkonzerte, Olympiaden, Straßenfeste, Fußballweltmeisterschaften, Geburtstage, Opern-, Theater- und Filmfestivals – wer will, kann das ganze Jahr über irgendetwas feiern. Dass Weihnachten da mithalten kann, wo es am Heiligabend weder Siege zu feiern noch Stars zu bejubeln gibt ... Im Grunde ist Weihnachten doch ein leises Fest, altmodisch brav und familiär. Woher dann trotzdem diese Ahnung, das ganze Jahr laufe auf Weihnachten zu?

Natürlich – wie sich da von Adventssonntag zu Adventssonntag die Erwartung langsam aufbaut und die Spannung wächst, das hat seine eigene Dramatik, dem kann man sich schwer entziehen, das reißt einen unmerklich mit. Und sicher tut es auch Herz und Seele gut, ein Fest der Lichter und Lieder zu feiern, wenn die Tage am dunkelsten sind. Der wahre Grund aber ist wohl der, dass Weihnachten nicht ganz von dieser Welt ist. Dass durch allen Weihnachtstrubel hindurch bis heute die Stimmen der Engelschöre zu hören sind, die den Hirten ihr Friedenslied singen. Dass noch immer die Worte des Engels an unser Ohr dringen, der Maria ein ganz besonderes Kind verheißt. Und dass dieses Neugeborene, das da zu Bethlehem zwischen Tieren in einer Futterkrippe liegt, wie eh und je eine Hoffnung verkörpert, die alle Menschen miteinander verbindet. Wer ist dieses Kind? In meinen folgenden Texten will ich versuchen, eine Antwort darauf zu finden.

Nur einer war nicht peinlich berührt

Was ist so großartig an Jesus, dass die halbe Welt seinen Geburtstag mit einem großen Fest begeht, obwohl inzwischen mehr als 2000 Jahre vergangen sind? Was war anders an ihm? Was wollte er erreichen? Und was geht er uns heute noch an?

Schlüpfen wir dafür in die Rolle eines Zeitgenossen Jesu. Erleben wir mit eigenen Augen, wie er auf seine Mitmenschen gewirkt hat. Vorhang auf für die erste Szene.

Im Speisezimmer eines Pharisäers liegen mehrere Männer nach römischer Sitte zu Tisch. Einer der Männer ist Jesus. Der vornehme Pharisäer hat ihn zum Essen eingeladen, weil er von ihm selbst erfahren will, wie er denkt. Man tafelt also, man diskutiert, und plötzlich reißt die Unterhaltung ab. Eine Frau mit langem, schwarzem Haar hat sich Zugang zum Esszimmer dieser Herrengesellschaft verschafft, geht hinter Jesus auf die Knie, nimmt seine nackten Füße in ihre Hände und küsst sie leidenschaftlich. Jeder weiß, wer sie ist – eine stadtbekannte Hure –, und jeder ist peinlich berührt. Jeder erwartet, dass Jesus sich diese obszöne Vertraulichkeit mit scharfen Worten verbittet. Aber nichts da. Er lässt sie gewähren, und in aller Ruhe zieht die Frau jetzt ein Ölfläschchen aus ihrem Kleid und salbt damit Jesu Füße. Ein mittlerer Skandal. Die Herrengesellschaft schluckt ihre Proteste herunter, aber man ist schockiert. Und dann setzt Jesus dem Ganzen die Krone auf, indem er der Frau ihre Sünden vergibt und zum Abschied alles Gute wünscht.

Vorhang zu. Was haben wir erlebt? Zwei Menschen, die sich nicht darum scheren, was andere über sie denken. Eine Frau, die sich ganz von ihren Gefühlen leiten lässt, und einen Jesus, dem die Gefühle dieser Frau über alles gehen. Über alles, was sich gesellschaftlich gehört und was von ihm erwartet wird. Im Unterschied zu allen anderen sieht Jesus keine Hure, sondern eine Frau, die von ihrer Liebe mitgerissen wird. Menschen so zu sehen ist nur möglich, wenn man den gütigen Blick hat. Jesus hat diesen Blick. In seinem Kopf dreht sich nicht das Hamsterrad aus zementierten Urteilen und Vorurteilen. Er hat den offenen Blick des freien Menschen. Und den kann man erlernen, diesen offenen, gütigen Blick. Und ich finde, wir sollten ihn erlernen.

Sollen wir uns alles gefallen lassen?

Was ist das Besondere an Jesus? Gerade habe ich die erste Antwort gegeben: der offene, gütige Blick. Also eine andere Sichtweise, als die meisten Menschen sie haben – nicht verdunkelt von der Angst, sich zu blamieren, und auch nicht vernebelt von Selbstgerechtigkeit. Mit diesem Blick bahnt sich Jesus einen Weg zu den Menschen. Dazu gehört natürlich eine besondere Einstellung, über die Jesus in der Bergpredigt spricht. Und damit: Vorhang auf für die nächste Szene.

Eines Tages reißt der Strom der Menschen, die Jesus hören wollen, nicht mehr ab. Die Jünger dirigieren alle auf eine Anhöhe über Kapernaum, Jesus nimmt auf einem Stein Platz, und dann sagt er Folgendes: Spielt euch nicht als Richter über andere auf. Verurteilt niemanden, denn der Maßstab, den ihr an andere anlegt, wird an euch selbst angelegt werden. Keiner hat das Recht, andere zu verurteilen, solange er sich selbst vieles durchgehen lässt. Wenn ihr euch unbedingt über jemanden ärgern wollt, dann fangt bei euch selbst an ...

Als Jesus so weit gekommen ist, meldet sich ein Zwischenrufer und sagt: Aber es gibt doch wirklich schlechte Menschen! Sollen wir uns von denen alles gefallen lassen? Da antwortet Jesus: Überwindet das Böse mit Gutem! Lasst euch von schlechten Menschen nicht selbst zu schlechten Menschen machen! Lasst die Bosheit einfach ins Leere laufen! Liebt sogar eure Feinde! Nur so durchbrecht ihr den Teufelskreis von Hass und Gewalt!

Vorhang zu. Jesus spricht noch lange weiter, aber das soll genügen. Was haben wir gehört? Dass wir den Blick erst einmal auf uns selbst richten sollen. Dass wir uns, bevor wir uns über andere ärgern, erst einmal fragen sollen: Was mache ich eigentlich hier in diesem Bunker aus Selbstverliebtheit und Rechthaberei? In dieser Gefängniszelle, wo all meine Gedanken und Gefühle nur um mich kreisen? Kommt da heraus, sagt Jesus. Geht dem anderen mit ausgestreckter Hand entgegen, selbst wenn er keine freundlichen Absichten hat. Tut den ersten Schritt – und macht aus Feinden Freunde. Mit anderen Worten: Ändert eure Einstellung.

Ich weiß, das ist schwer. Aber nur so kann es uns gelingen, zu freien Menschen mit offenem Blick zu werden.

Jesus in Seenot

Was ist das Besondere an Jesus? Meine zweite Antwort darauf lautete: seine innere Freiheit. Die Freiheit eines Menschen, der nicht auf Knopfdruck reagiert, wie ein Automat, sondern unerwartet. Oft so, dass die anderen nicht wissen, wie ihnen geschieht, und immer so, dass sie spüren: Auch ich könnte anders. Auch ich bin eigentlich kein Automat, der auf dieselbe Provokation immer wieder mit demselben Ärger reagieren muss. Diese Freiheit aber hat einen Grund, und dieser Grund ... nein, warten Sie. Schauen wir uns zunächst die dritte Szene an. Also, Vorhang auf!

Ein Fischerboot mit dreizehn Männern unterwegs auf dem See Genezaret. Der eine ist Jesus, die anderen sind seine ständigen Begleiter, die Jünger. Jesus schläft hinten im Boot, er ist erschöpft, als sich mit einem Mal der Himmel verdunkelt. Starke Böen peitschen das Wasser auf, die Wellen schlagen ins Boot, selbst die erfahrenen Fischer unter den Jüngern bekommen es mit der Angst, aber Jesus schläft seelenruhig weiter. »Ist dir egal, dass wir untergehen?«, brüllt Petrus ihn an. Da richtet sich Jesus auf und gebietet dem Unwetter lautstark Einhalt. Bald darauf lässt der Sturm nach; der Himmel reißt auf und ein Sonnenstrahl trifft die wogende Wasserfläche. Die Jünger staunen. »Ihr Feiglinge!«, ruft Jesus ihnen zu. »Mit eurem Glauben scheint es nicht weit her zu sein!« Fast klingt es, als ob er sich über sie lustig macht.

Vorhang zu. Wie haben wir Jesus hier erlebt? Als einen Menschen, der selbst in Lebensgefahr nicht in Panik gerät, weil er sich in Gott geborgen weiß. Weil er sein ganzes Vertrauen auf Gott setzt. Weil er das hat, was seinen angstschlotternden Jüngern fehlt, nämlich Glauben. Und jetzt verstehen wir: Glauben heißt nicht, irgendetwas für wahr zu halten, was sich nicht beweisen lässt. Glauben bedeutet Vertrauen, bedeutet nichts anderes als Verbundenheit mit Gott. Dieser Glaube gibt Ruhe, gibt innere Kraft, gibt Mut, und vor allem: Er macht frei. Frei von der Existenzangst, die uns sonst so leicht befällt, schon bei geringeren Anlässen als einem Sturm. Jesus ist solche Existenzangst fremd. Und daher rührt seine innere Freiheit. Daher rührt sein offener, gütiger Blick.

Einer von uns

Drei Antworten habe ich auf die Frage gegeben, die uns in der Adventszeit beschäftigt hat: Was ist das Besondere an Jesus? Und ich habe von seinem gütigen Blick gesprochen, von seiner inneren Freiheit und seiner Verbundenheit mit Gott. Die Liebe sei dabei zu kurz gekommen, meinen Sie? Vielleicht, aber bedenken Sie: Jesu Menschenfreundlichkeit ist der Ausdruck seiner inneren Freiheit und Furchtlosigkeit, die aus der engen Verbundenheit mit Gott kommt. Denn um wahrhaft lieben zu können, müssen wir frei und furchtlos sein, müssen wir die innere Verkapselung, in der wir uns so sicher und so einsam fühlen, aufsprengen und uns dem eisigen Wind aussetzen, der uns manchmal entgegenschlägt.

Auch Jesus ist dieser Wind übrigens kalt entgegengeschlagen, auch er hat erfahren müssen, dass innere Freiheit und Furchtlosigkeit keine Garantie für ein bequemes, ruhiges Leben sind, und so gesehen ist die letzte Besonderheit an ihm … dass er uns trotz allem so ähnlich ist. Kein fernes, unerreichbares Idol, kein gottähnlicher Übermensch, sondern einer von uns. Nur deshalb können wir von ihm lernen. Nur deshalb haben wir die Chance, uns seinen offenen, gütigen Blick selbst anzueignen, uns seine innere Freiheit selbst zu Eigen zu machen und dieselbe Geborgenheit in Gott zu erleben wie er. Das eben ist ja der Kern seiner Botschaft: Was ich kann, das könnt auch ihr. So frei und furchtlos, wie ich bin, könnt auch ihr werden. Und das Vertrauen, das zwischen mir und meinem Vater im Himmel herrscht, wird auch zwischen euch und eurem Vater im Himmel herrschen, wenn ihr nur wollt ...

Ob wir es in der Liebe und der Freiheit je so weit bringen können wie er? Ich weiß es nicht. Aber er selbst ermutigt uns zu diesem Versuch. Jesus ähnlich zu werden ist also möglich. Möglich, weil auch er ein Mensch war. Und damit öffnet sich der Vorhang vor der letzten Szene: Jesus als Kind in der Futterkrippe im Stall. Seine Verbundenheit mit Gott war gewiss von besonderer Art, aber nun liegt er vor uns in aller Erbärmlichkeit des irdischen Lebens. Vielleicht können wir dieses Kind jetzt dennoch mit anderen Augen sehen. Mit den Augen der Hirten nämlich, die wussten: Mit ihm ist uns der Erlöser geboren.

Wer war dieser Jesus?

Uns hat jetzt mehrfach die Frage beschäftigt, warum es sich heute noch lohnt, Jesus zuzuhören. Zum Abschluss möchte ich auf eine Frage eingehen, die Sie nun bewegen könnte: Wer war nun eigentlich dieser Jesus? Das haben sich auch die Jünger gefragt. Und Jesus selbst hat sie gefragt, für wen sie ihn halten.

Ich will eine Gegenfrage stellen: Wovon handelt das Christentum? Von Glaubenswahrheiten? Von den eindrucksvollen Gedankengebirgen der Theologie? Nein, nicht in erster Linie. Es handelt von der Frage, was im Leben wichtig und was zweitrangig ist. Man könnte auch sagen: was uns glücklich und was uns unglücklich macht. Denn darum geht es: um das Lebensglück. Wer die Antwort auf die erste Frage findet, dem beantwortet sich die zweite Frage nach dem Glück von selbst.

Bleiben wir also beim Glück. Wenn wir Jesus zuhören, stellen wir fest: Er vertröstet keinen Menschen auf eine schöne Zukunft im Himmel nach dem Tod. Ihm liegt das Leben am Herzen. Das Leben hier auf der Erde. Sein Denken und Handeln kreist um praktische Dinge wie Sattwerden und Gesundsein, wie Frieden und Versöhnung und ein frohes, unbekümmertes Leben hier und jetzt. Für Jesus hat die glückliche Zukunft nämlich bereits begonnen. Weil sie mit jedem Menschen beginnt, der die Liebe Gottes erwidert – statt sich in die Idee zu verbohren, jeden Tag neu sein Glück erkämpfen zu müssen.

So jedenfalls verstehe ich die Botschaft Jesu: Hört auf, um euer Glück zu kämpfen. Hört auf, um Liebe, Anerkennung oder Macht zu kämpfen. Begreift doch: Alles echte Glück ist ein Geschenk. Es verdankt sich der Gnade und dem Segen Gottes. Der Gott des Lebens ist ja auch der Gott der Liebe – verlasst euch einfach darauf, dass er es so gut wie ein Vater mit euch meint. Dann werdet ihr feststellen, dass ihr den Krieg in euren Köpfen und Herzen einstellen könnt. Denn wer sich diesem Gott der Liebe öffnet, der findet auch die Kraft und den Mut, sich seinen Mitmenschen zu öffnen. Das ist Glück. Und alles andere ist zweitrangig.

Wer war dieser Jesus? Darauf sind viele Antworten möglich. Meine Antwort heute lautet: Aus seinem Mund hören wir Gottes eigene Stimme. Die Stimme der Liebe zum Leben und zu den Menschen.

Der Philosoph und das ewige Leben

Verstehen Sie, warum so viele unserer Zeitgenossen die Hoffnung auf ein Leben nach dem Tod aufgegeben haben? Ich nicht. Ist es denn keine schöne, ergreifende Hoffnung? Aber plötzlich blamiert man sich fast, wenn man die Allmacht des Todes bestreitet.

Wie kommt das?, frage ich mich. Haben nicht alle Menschen überall auf der Welt seit Urzeiten an ein Jenseits geglaubt? Haben nicht zahllose Generationen vor uns in der Hoffnung gelebt, dass der Tod nicht das letzte Wort hat, dass er vielmehr nur der Übergang in eine andere Welt ist? Jedes Steinzeitgrab, das wir entdecken, beweist uns mit seinen Grabbeilagen: Hier liegt einer, der davon überzeugt war, eine Reise anzutreten, eine Reise in ein anderes, besseres Dasein. Und natürlich haben auch wir Christen von unseren Toten stets in der Hoffnung auf ein Wiedersehen Abschied genommen. Und jetzt heißt es plötzlich: Lächerlich! Es wird keine Fortsetzung geben. Wer stirbt, mit dem ist es aus. Ein für allemal.

Ich staune. Ist denn bewiesen, dass es kein Jenseits gibt? Sind wir in diesem Punkt denn heute klüger als alle unsere Vorfahren? Natürlich nicht. Niemand weiß, was danach kommt. Ist das ein Grund, die Hoffnung aufzugeben? Wir haben doch niemals gewusst, ob unsere Hoffnungen in Erfüllung gehen. Und nie hat uns diese Ungewissheit daran gehindert, ein Leben lang alles Mögliche zu erhoffen. Wir bestehen ja aus Hoffnung. Sie ist der Stoff, aus dem wir

Menschen gemacht sind. Weshalb sollte uns nun plötzlich angesichts des Todes eine nie gekannte Hoffnungslosigkeit überkommen?

Vielleicht, habe ich mir gedacht, geht mit dem Glauben auch die größte aller Hoffnungen verloren. Doch dann las ich einen Satz des deutschen Philosophen Arthur Schopenhauer. Schopenhauer glaubte nicht an Gott. Er war erklärter Atheist. Und wissen Sie, was er schrieb? »Wenn der Tod uns die Augen schließt, werden wir in einem Licht stehen, von dem das Licht der Sonne nur der Schatten ist.« Ich war erstaunt. Da leistet sich einer, der von Gott nichts wissen will, die Hoffnung, dass unser Schicksal mit dem Tod nicht besiegelt ist. Vielleicht, habe ich gedacht, gehört einfach nur eine Portion Mut dazu, an dieser Hoffnung festzuhalten.

Ein Werk des Heiligen Geistes

Fällt er Ihnen auch auf? Dieser bösartige Ton, in dem seit einigen Jahren wie selbstverständlich über Kirche und Glauben geredet wird? Mir fällt er auf. Im Internet greift dieser hämische Ton rasant um sich, da schäumen Wut und Gehässigkeit auf, sobald auch nur das Stichwort Religion fällt. Aber auch in ganz seriösen Büchern lassen Autoren alle Hemmungen fahren. »Der Pfarrer blubberte etwas von Jesus Christus, dem Erlöser ...«, lese ich in einer Kindheitserinnerung, wo der Autor seinen Konfirmandenunterricht beschreibt. Natürlich hat er damals schon gemerkt, dass die Sache mit dem Glauben oberfaul ist. Also bloß kein Blatt vor den Mund genommen und sich nach Kräften über diesen Blödsinn lustig gemacht ...

Mittlerweile gehört es zum guten Stil, ausfällig zu werden, wenn von der Kirche die Rede ist. Man riskiert ja nichts. Man gehört zur Mehrzahl und fühlt sich sicher. Und plötzlich gelten die Regeln von Fairness und Anstand nicht mehr. Respekt vor den Überzeugungen anderer? Haben Christen keinen Anspruch drauf. Leise Zweifel an der eigenen Überzeugung? Kommt überhaupt nicht in Frage. Religion ist Spinnerei, da steht man meilenweit drüber, und die Kirche hat sich sowieso unmöglich gemacht. Nein, kein Pardon.

Ich will Ihnen etwas verraten. Ich halte die Kirche trotz all ihrer Fehler, trotz all ihrer Vergehen für ein Werk des Heiligen Geistes. Ich beziehe da auch meine evangelischen

Glaubensbrüder und Glaubensschwestern mit ein. Denn allen Fehlern und Schwächen gegenüber stehen zwei Jahrtausende eines aufopferungsvollen Dienstes am Nächsten, an Armen und Kranken, und zwei Jahrtausende der Verkündigung der Botschaft der Liebe. Deshalb habe ich mich umso mehr über eine Geschichte gefreut, die ich kürzlich hörte: Ein Priester und ein alter Handwerksmeister kamen auf einem Kirchenfest ins Gespräch. »Ich bin Atheist«, sagte der Handwerksmeister. »Ich war mein Leben lang Kommunist, ich kann mit Gott nichts anfangen. Aber«, fügte er hinzu, »ich bewundere die Kirche. Ich habe den größten Respekt vor dem ungeheuren sozialen Engagement der Kirche. Auf die Kirche lasse ich nichts kommen.«

So etwas gibt's auch.

Ein Augenblick der Ewigkeit

In der Zeitung las ich den Artikel eines Ahnungslosen. So nannte er sich selbst: einen Ahnungslosen. Er hatte zum ersten Mal im Leben in einem bayerischen Dorf die heilige Messe besucht und nichts verstanden. Alles war ihm fremd und befremdlich vorgekommen, und er beschrieb diesen Gottesdienst wie einer, der einem rätselhaften Ritual auf einer Südseeinsel beiwohnt – völlig irritiert. Mir wurde klar: Menschen wie er sind in Deutschland nicht mehr die Ausnahme, sondern die Regel. Und wer mit der Kirche nicht aufgewachsen ist, dem muss eine Messe wirklich als sonderbare Veranstaltung erscheinen.

Wir sind das ja gar nicht mehr gewöhnt: eine Feier, bei der es tatsächlich feierlich zugeht. Nicht lustig und ausgelassen, wie auf Betriebs- oder Geburtstagsfeiern, sondern ernst und nach festen Regeln, denen der Wandel der Zeiten kaum etwas anhaben kann. Ja, fast scheint es, als würde die Zeit für die Dauer der Messe den Atem anhalten und etwas Unvergängliches und Geheimnisvolles Form annehmen – im strengen Rhythmus von Worten, Gesängen und Handlungen, die sich in aller Stille vollziehen.

Wer das spürt, der hat schon viel verstanden. Denn von dem Augenblick an, in dem der Priester sein »Wir stehen vor Gott« spricht, betreten wir tatsächlich eine zeitlose Welt. Eine Welt, in der das Leben, der Tod und die Auferstehung Jesu Christi für uns wirklich und real sind. Eine Welt, in der eine ewige Gegenwart herrscht, so als würde der Gottessohn in dieser Stunde sterben, in dieser Stunde auferstehen und uns in dieser Stunde seine Erlösung anbieten. Aber genau darum geht es. Das ist der tiefste Sinn der heiligen Messe: dass wir Christi Opfertod und seinen Triumph über den Tod miterleben. Dass er uns vor Augen tritt und wir seine Nähe empfinden. Lassen Sie es mich einmal ganz modern ausdrücken: Im Grunde ist die Messe ein Event – ein Ereignis –, nur dass es nicht laut und dröhnend daherkommt wie die Events unserer Tage, sondern leise genug, dass wir die höhere Wirklichkeit Gottes auf uns wirken lassen können.

Muss man mehr verstehen? Natürlich gäbe es noch vieles zu erklären. Aber im Glauben und Leben eines Christen geht es nicht so sehr ums Verstehen. Es geht um das Erlebnis der Nähe und Liebe Gottes, die einen Menschen verwandelt.

Wer strickt an unserem Schicksal mit?

Beschleicht uns im Lauf unseres Lebens nicht das Gefühl, ein Schicksal zu haben – ein eigenes, ganz persönliches? Ahnen wir nicht bisweilen, dass wir einer Bestimmung folgen? Und fragen wir uns nicht irgendwann, welche Macht da am Werk ist – eine Macht, die wir nicht kontrollieren und die uns ein Leben verpasst, das wir so nicht gewollt haben, das aber trotzdem eindeutig mit uns zu tun hat, das auf uns ganz persönlich zugeschnitten ist? Sicher, es gibt auch die Kraft des eigenen Willens, die unser Handeln und Werden bis zu einem gewissen Grad bestimmt. Aber daneben müssen wir, womöglich widerwillig, diese äußere Kraft zur Kenntnis nehmen, die uns zu Umwegen zwingt oder auf ganz neue Gleise lenkt, die uns Grenzen setzt und gleichzeitig unerwartete Aussichten eröffnet.

Diese beiden Kräfte liegen im ständigen Ringen miteinander. Aber es ist nicht so, dass die äußere Macht bloß fremd und feindlich wäre. Vielmehr haben wir schon den Eindruck, dass alles, auch das Unvorhergesehene, zu unserer eigenen Geschichte gehört. Blicken wir zurück, erkennen wir so etwas wie eine Lebens-Richtung, ein Lebens-Muster, eine Lebens-Komposition – etwas, das wir niemals hinbekommen hätten, wäre es allein nach unserem Willen gegangen. Diese Macht verleiht unserem Leben eine Gestalt, in der wir uns wiedererkennen, sodass wir sagen können: mein Schicksal, meine Identität, vielleicht sogar: meine Bestimmung. Natürlich stricken wir an unserem Schicksal mit – niemand erfüllt nur untertänig ein blindes Geschick. Aber – wer ist der andere, der da strickt?

Offenbar nichts Anonymes. Nichts seelenlos Grausames, sondern etwas, das mich kennt, das mich wahrnimmt, das es auf mich abgesehen hat, das mir entgegenkommt oder auch widerstrebt, das in jedem Fall aber mit mir zu tun hat – und ich mit ihm. Was ist das? Wer ist das? Ist es uns so fremd, dass wir niemals etwas darüber erfahren werden? Oder lässt sich seine Fremdheit überwinden, sodass es zu einer Verbindung, einem Einvernehmen womöglich, kommt?

Der Verstand allein hilft uns in diesem Fall nicht weiter, denn vor dem Verstand löst sich jedes Schicksal in einzelne, zusammenhanglose Phänomene auf. Der Verstand analysiert, zergliedert, und was er wieder zusammensetzt, ist im Ergebnis ein lebloses Konstrukt. Nichts Lebendiges überlebt die rationale Zergliederung. Es sieht hinterher vielleicht ganz ähnlich aus wie vorher, aber es lebt nicht mehr. Die Seele ist entwichen, und mit ihr das Geheimnis. Was wir brauchen, das ist ein Verfahren, das das Geheimnis unberührt lässt und uns trotzdem tief ins Wesen dieser fremden, äußeren Macht hineinführt. Wir kennen dieses Verfahren. Es ist der Glaube.

Der Glaube ist die Sprache des Herzens, die Sprache der Seele. Er liefert uns den Code, der die Zwiesprache zwischen uns und der Macht des Schicksals ermöglicht. Nicht, dass der Glaube das Geheimnis dieser Macht völlig ergründen könnte. Aber in der Zwiesprache erfahren wir die äußere Macht als ansprechbares und antwortendes Gegenüber, das auf uns bezogen ist, so wie wir auf dieses letzte, große Gegenüber bezogen sind. Wir erfahren diese Macht als Gott. Der Glaube ist das zweite Auge, mit dessen Hilfe wir das Leben in seiner wahren Dimension wahrnehmen, tiefer und weiter, als der Verstand uns zu sehen erlaubt. Nur im Glauben verstehen wir also, was es mit dieser Ahnung auf sich hat: mit der Ahnung, ein persönliches Schicksal zu haben und einer eigenen Bestimmung zu folgen.

»Ich will getauft werden«

Die Eltern von Moritz und Elena fallen vielleicht etwas aus dem üblichen Rahmen. Er ist Klavierlehrer, sie arbeitet in einem Verlag, und was ich an ihnen besonders schätze: Beide sind ernste, dabei aufgeschlossene und vorurteilsfreie Menschen. Als sie sich vor Jahren kennen lernten, stellten sie fest, dass sie gute Gründe hatten, der Kirche zu misstrauen. In dem Punkt waren sie sich einig, und als ihre Kinder zur Welt kamen, blieben diese ungetauft. Nichtsdestoweniger gingen sie gelegentlich zur Messe, und wenn ein Familiengottesdienst angesagt war, nahmen sie ihre Kinder mit. Der Pfarrer gefiel ihnen, weil er klare Standpunkte vertrat. Es waren nicht unbedingt ihre eigenen Standpunkte, aber sie fanden seine freimütige Art imponierend.

Da geschah es eines Tages, als Moritz 7 Jahre alt war, dass er zu seinen Eltern kam und ihnen rundheraus erklärte: »Ich will getauft werden.« Woraufhin seine zwei Jahre ältere Schwester nach kurzer Bedenkzeit denselben Wunsch äußerte. Die Eltern reagierten, nun, sagen wir: überrascht. Sie hatten bisher vermieden, mit ihren Kindern über Glauben und Kirche zu sprechen – sie wollten sie nicht beeinflussen –, und sie waren nicht einmal besonders erfreut. Aber da sie ihre Kinder respektierten, nahm der Vater die beiden postwendend mit zum Pfarrer. Und als der nun wissen wollte, warum die zwei getauft werden möchten, erhielt er von Moritz zur Antwort: »Weil es mich interessiert.« Während Elena sagte: »Ich will nicht die einzige sein, die nicht getauft ist.«

Elena also ging es darum, nicht ausgeschlossen zu bleiben. Moritz aber ging es um mehr. Er wollte Genaueres über diese geheimnisvolle Welt einer Kirche, einer Gemeinde in Erfahrung bringen – vielleicht auch über Gott und was es damit auf sich hat. Instinktiv hatte er verstanden, dass man aus ängstlicher Distanz nicht klüger wird, dass man vielmehr dazugehören muss, wenn man seine Neugier befriedigen will. Ob Moritz und Elena dabeibleiben werden? Wir wissen es nicht. Es steht ihnen frei, der Kirche wieder den Rücken zu kehren, sollten sie dort keine geistige Heimat finden. Doch diese Wahl haben sie nur, weil ihre Eltern ihnen die Welt des Glaubens nicht vorenthalten haben. Ich finde: Mit solchen Eltern hat man Glück, die ihren Kindern die eine wie die andere Möglichkeit eröffnen. Und nicht über deren Köpfe hinweg entscheiden, was sie zu glauben – oder eben nicht zu glauben haben.

Der Körper gehorcht der Seele

Die Wissenschaft steht vor einem Rätsel. Immer wieder werden Tests durchgeführt, um die Wirksamkeit von Medikamenten zu prüfen. Dabei erhält nur ein Teil der Kranken das richtige Medikament; dem anderen Teil werden Pillen verabreicht, die zwar genauso aussehen, aber gar keinen Wirkstoff enthalten. Genauso gut könnte man Gummibärchen zu sich nehmen. Und nun kommt's: Die Scheinmedikamente wirken in vielen Fällen genauso wie die echten. Sie schlagen bei den Patienten an, als hätten sie tatsächlich das neueste Erzeugnis der Pharma-Industrie geschluckt. Und die Wissenschaft steht vor einem Rätsel: Wieso fällt der Körper auf den Schwindel herein? Wirkt der Name des Präparats allein schon Wunder?

Für mich ist das ein schönes Beispiel dafür, in welchem Maße der Körper der Seele gehorcht. Ist der Mensch mutlos und niedergeschlagen, hat die Krankheit mit ihm leichtes Spiel. Fasst er hingegen neuen Mut, regt sich bei ihm neue Hoffnung, dann mobilisiert auch sein Körper neue Abwehrkräfte, als hätte er die ganze Zeit nur auf ein Zeichen der Seele gewartet. Wie es aussieht, müssen zuerst Kopf und Herz an Heilung glauben – der Körper zieht dann schon nach. Selbst in der Krebsmedizin ist längst bekannt: Die beste Therapie ist der Überlebenswille des Kranken, ist seine unbeirrbare Zuversicht, den Krebs besiegen zu können. Ein guter Arzt wäre demnach einer, der seinen Patienten zu allererst Vertrauen und Lebensmut einflößt.

Jesus war ein solcher Arzt. Er hat überhaupt keine Tropfen und Pillen verschrieben. Er hat die Kranken, die zu ihm kamen, nur gefragt: Glaubst du? Glaubst du, dass der Glaube Berge versetzen kann? Glaubst du, dass dem Glaubenden nichts unmöglich ist? Wenn du so fest und unerschütterlich glaubst, entwickelst du ungeahnte Kräfte. Dann ziehst du die Heilung auf dich. Weil dein Körper nur auf dieses Zeichen wartet ... Das also ist mit Glauben gemeint: absolutes Vertrauen auf Gott. Kindliches Vertrauen. Nichts Gutes für unmöglich halten. Glaube ist heilsamer Lebensmut. Er ist die Gesundheit der Seele, die auf den Körper ausstrahlt. Und selbst medizinische Tests, selbst Krebsärzte geben Jesus heute darin recht.

Erstkommunion

Vor kurzem habe ich Ihnen von Moritz berichtet, dem 7-jährigen Jungen, der unbedingt getauft werden wollte, weil »es ihn interessiert«, wie er sagte. Mit »es« war das Gemeindeleben in einer deutschen Großstadt gemeint, und vor allem das Dienen bei der Messe. Sonst ein Rabauke, der am liebsten waghalsige Kletterpartien im Geäst der Gartenbäume unternimmt, konnte er während der Messe still und aufmerksam werden. Nun war er also getauft, die Erstkommunion rückte näher, und als hätte Moritz seinen Vater angesteckt, nahm der die Sache plötzlich genauso ernst wie sein Sohn.

»Der Braten war fertig, als wir am Sonntagmorgen zur Kirche aufbrachen«, erzählt er. »Ich hatte mir meine alten Kommunionfotos angeschaut. Es sollte so werden wie damals. Und damals war das Beste das Festessen gewesen. Also hatten wir einen Tag vorher alles vorbereitet, damit wir ganz entspannt an die Sache herangehen konnten. In der Kirche zog der Junge die Albe über, den weißen Umhang, den alle Kommunionkinder trugen, legte sich das Kommunionkreuz um den Hals und nahm die große Kerze – das alles hatten sie vorher geübt und den ganzen Auftritt einstudiert, weil einige ziemlich nervös waren. Dann zogen sie in die Kirche ein, vierzig, fünfzig Kinder, ein eindrucksvoller Zug. Als der Pfarrer zur Kommunion schritt, nahm Moritz anstandslos die Hostie und nippte auch am Wein. Ja, es gab Wein, darauf hatte der Pfarrer bestanden, obwohl einige Mütter beim Vorgespräch sichtbar zusammengezuckt waren. Aber Wein ist in unserer Gemeinde Tradition, und die Kinder genehmigen sich sowieso nur einen winzigen Schluck – da hatte der Pfarrer also nicht mit sich diskutieren lassen. Was soll ich sagen? Die Kirche war voll, die Gesänge kamen aus kräftigen Kehlen, es war ein rundum schöner Morgen. Hinterher hat Moritz im Kommunionanzug bei uns auf der Wiese Fußball gespielt, und das Mittagessen im großen Familienkreis war wirklich ein Höhepunkt. Sein Kommunionkreuz trägt er übrigens seither beim Fußballspielen unter dem T-Shirt.«

Finden Sie jetzt, dass solche Feiern nicht mehr in unsere Zeit passen? Ich glaube: Moritz ist dabei, etwas zu entdecken. Etwas, das ihn vielleicht länger beschäftigen und womöglich noch glücklicher machen wird als Fußballspielen. Und ich bewundere seine Eltern, die sich mit ihrem Sohn so mitfreuen können.

Musik ist wie Gott

Man traut seinen Augen kaum, wenn man in der Apostel-
geschichte liest, wie Menschen in der Frühzeit des Christentums auf ihre Bekehrung reagierten. Diese Neubekehr-
ten scheinen im ersten Moment wie von Sinnen gewesen
zu sein. Von einer plötzlichen Begeisterung erfasst, brach
das Gotteslob aus ihnen hervor, sie weinten vor Glück, sie
jubelten und tanzten vielleicht sogar. Hochrangigen römischen Beamten ging es da nicht anders als einfachen Leuten, jeder war wie verwandelt, ließ alle Hemmungen fahren
und schämte sich nicht für seine Ergriffenheit. Alle feinen
Manieren fielen von ihnen ab, und auf einmal durften selbst
Menschen, die sonst würdevolle Haltung bewahrten, öf-
fentlich zu erkennen geben, wie aufgewühlt sie waren vor
Glück. Der Heilige Geist habe sich in diese Menschen er-
gossen – so erklärt sich der Verfasser der Apostelgeschich-
te diese Verwandlung.

Lang, lang ist's her, könnte man sagen. Oder den Verdacht hegen, dass diese Berichte ziemlich dick aufgetragen
sind. In Wirklichkeit wird es wohl etwas manierlicher, etwas weniger stürmisch zugegangen sein, oder?

Nein, das glaube ich nicht. Ich halte diese Berichte für
wahr, weil ich das Gefühl, das sie beschreiben, selbst kenne.
Jeder kennt es – aus der Begegnung mit der Musik. Genau
diese Wirkung kann Musik haben, ein kleines Lied genauso
wie ein großes Meisterwerk. Denn auch die Musik macht
uns wehrlos. Sie zerreißt unser dickes Fell, sie bohrt sich

durch unsere Schale. Sie bricht uns auf und bricht in uns ein. Sie fegt mit unwiderstehlicher Macht unser mühsam konstruiertes Erden-Ich beiseite und öffnet die Schleusen unseres Inneren, das nur fließen und überquellen möchte – vor Schmerz, vor Liebe, vor Trauer, vor Glück. Das tut weh. Wir kämpfen gegen die Tränen. Wir sind dabei, die Fassung zu verlieren. Und gleichzeitig ist es schön. Unendlich schön, weil wir uns plötzlich wie befreit fühlen. Weil unser anderes Ich, das wir normalerweise unterdrücken, für diese Augenblicke einmal ans Licht darf und tanzen und jubeln und weinen darf, bevor es mit dem letzten Ton wieder in seinen Kerker zurück muss. Der große indische Musiker Ravi Shankar hat gesagt: Musik ist wie Gott. Dann wäre Gott vielleicht auch wie Musik? In diesem Fall brauchen wir uns nicht zu wundern. In diesem Fall werden uns die Freudenausbrüche der ersten Christen weder unbegreiflich noch heillos übertrieben vorkommen.

Verkaufe alles und folge mir nach

Was ist das Besondere an Jesus? Wir haben uns diese Frage schon einige Male gestellt. Heute antworte ich: Jesus sagt die ganze Zeit ungeheuerliche Sachen. Man traut seinen Ohren nicht. Er sagt zum Beispiel: »Verkaufe alles, was du besitzt, und gib es den Armen.« Alles verkaufen, was man besitzt? Alles? Ja, und dann? Kann Jesus das ernst gemeint haben?

Ich befürchte, ja. Erinnern wir uns: Da kam unterwegs ein junger Mann auf ihn zu, aus den allerbesten Verhältnissen, wie man ihm ansehen konnte. Der fragte Jesus: »Was muss ich tun, um das ewige Leben zu gewinnen?« »Halte die Gebote«, antwortete Jesus. Also: nicht ehebrechen, nicht stehlen, bei der Wahrheit bleiben, Vater und Mutter ehren ... »Mach ich, mach ich alles«, unterbrach ihn der junge Mann – offenbar war er ein Ernsthafter, Gutwilliger, keiner von den Erfolgsmenschen, die über Leichen gehen. »Dann fehlt dir nur noch eins«, sagte Jesus, und jetzt kommt's: »Verkaufe alles und folge mir nach.«

Also bitte! Wenn *wir* einem Reichen so kommen würden! »Hey, lieber Mann, verkaufen Sie einfach alles. Ihre Villa, Ihre Möbel, Ihre Sportwagen, Ihr Privatflugzeug, Ihre Aktien, Ihre Rolex, Ihre maßgeschneiderten Anzüge. Da dürfte ein hübsches Sümmchen zusammenkommen, und das spenden Sie dann ...« Wir würden uns gar nicht trauen. Und aus unserem Mund würde es auch so klingen, als wollten wir selbst von dem Segen etwas abhaben. Aus dem Mund Jesu aber klingt es anders, nämlich so: Bisher hast du versucht, moralisch zu sein. Du warst vielleicht gut und ehrlich, aber nach Vorschrift. Was du jetzt noch lernen musst, ist, zu lieben. Lieben heißt teilen. Lieben heißt geben, lieben heißt schenken, lieben heißt sich verströmen ohne den kleinsten Hintergedanken an Vorteil, Belohnung oder Gewinn. Dafür gibt es keine Vorschrift, aber eine Bedingung: Für die Liebe musst du frei sein. Solange du an deinen Sportwagen, deinen Aktien und deiner Rolex hängst, bist du jedenfalls nicht frei ... Und mit seinem ungeheuerlichen Satz traf Jesus ins Schwarze. Als er das hörte, wandte sich der junge Mann nämlich bekümmert ab und ging davon. Er hing an seinem Reichtum, er war buchstäblich ein Anhängsel seines Vermögens. Das ist das Problem aller reichen Menschen. Aber wer traut sich schon, dies Problem so schonungslos aufzudecken wie Jesus mit seinem unerhörten Satz?

Spitze Zungen

Jesus sagt ständig ungeheuerliche Sätze, habe ich neulich geschrieben. Nicht ganz so spektakulär wie »verkaufe alles!«, aber ebenfalls ungeheuerlich ist sein Satz aus der Bergpredigt: »Richtet nicht, damit ihr nicht gerichtet werdet!« Gemeint ist: Verurteilt niemanden! Und angesprochen sind keine Berufsrichter, sondern wir.

Ja, was machen wir denn die ganze Zeit? Was beschäftigt uns, was regt uns auf? Die Dummheit, die Böswilligkeit, die Frechheit oder Unfähigkeit der anderen! Stimmt es nicht? Wir sind meist schnell mit unserem Urteil: »Ich wusste gleich, was ich von ihr zu halten hatte«, heißt es dann. Und wenn alte Bekannte zusammensitzen, gibt's kein Pardon, da bleibt kein gutes Haar an jenen, die gerade nicht dabei sind, da bekommt jeder Abwesende sein Fett ab. Richtet nicht! – da müssten wir uns doch erwischt fühlen. Spitze Zungen, böse Zungen haben nicht nur die anderen. Und die will Jesus uns verbieten? Ja, das will er.

Er sagt: Regt euch ab. Guckt doch erst einmal hin, versucht doch erst, zu verstehen. Kommt euch vor allen Dingen nicht so fürchterlich viel besser vor. Und dann erzählt Jesus ein Gleichnis, das geht so:

Ein Mann säte auf seinem Acker Weizensamen aus. In der Nacht aber kam sein Feind und warf Unkrautsamen dazwischen. Als der Weizen nun heranwuchs, spross dazwischen auch das Unkraut in die Höhe. Da kamen die Feldarbeiter zu ihm und fragten: Sollen wir das Unkraut jäten?

Nein, sagte ihr Herr. Lasst das Unkraut stehen, sonst reißt ihr noch versehentlich den Weizen mit aus. Erst zur Erntezeit soll das Unkraut gejätet und verbrannt werden.

Also: Dem Weizen seine Zeit lassen. Dem Unkraut seine Zeit lassen. Dem eigenen Urteil seine Zeit lassen. Wer weiß, vielleicht blüht das Unkraut schön? Leider war auch die Kirche oft von einem unfrommen Pessimismus beseelt und hat geglaubt, das Unkraut ausjäten zu müssen, bevor die Ernte eingefahren wird; da blieb es dann nicht beim Mäulerzerreißen, da brannten Menschen. Ein Grund mehr, für die Kirche wie für jeden von uns, die Warnung Jesu ernst zu nehmen: Richtet nicht! Verurteilt nicht! Gebt jedem eine Chance. Wer weiß, vielleicht kommen doch noch die schönsten Blüten an ihm zum Vorschein?

Jesus war kein Moralprediger

Manchmal fasst sich einer ein Herz und fragt mich: Können Sie mir erklären, wofür Religion überhaupt gut ist? Ich habe es bis heute nicht verstanden. Reicht es nicht, eine Moral zu haben? Auf den ganzen Rest könnte man doch verzichten ... Wer so fragt, drückt eine weit verbreitete Stimmung aus. Viele sind sich heute sicher: Die Moral ist das Herzstück der Religion. Alles andere, der liebe Gott und Jesus Christus, ist doch höchstens schmückendes Beiwerk. Hauptsache, der Mensch ist im Großen und Ganzen moralisch einwandfrei.

Komisch nur, dass Jesus Christus kein Moralprediger war. Die Apostel auch nicht, Paulus auch nicht. Moral scheint sie gar nicht zu interessieren, davon ist höchstens am Rande mal die Rede, als wäre sie ganz nebensächlich. Aber worum geht es dann – bei der Religion, beim Christentum, beim Glauben?

Wenn Sie von mir eine kurze, bündige Antwort erwarten, muss ich Sie enttäuschen. Kurze, bündige Antworten gibt nur die Mathematik. Im realen Leben aber ist alles immer einfach und kompliziert zugleich, deshalb kommt man den Lebenswahrheiten eher mit Geschichten näher, und eine solche Geschichte wäre in unserem Fall ...

Ist Ihnen schon einmal aufgefallen, dass Jesus aus gewöhnlichen Menschen ungewöhnliche Menschen macht? Mit wem treibt er sich denn herum, der Gottessohn? Mit derben Gesellen. Mit ganz einfachen, ungebildeten Menschen. Mit Fischern und Leuten, die keine lupenreine

Vergangenheit haben: Petrus, Matthäus, Maria Magdalena. Und er verwandelt sie. Das heißt: Sie verwandeln sich durch den Umgang mit ihm. Aus Fischern macht Jesus Menschenfischer, Männer und Frauen mit Ausstrahlung und Begeisterung. Freie Menschen, die das alte Glücksspiel um Macht und Geld nicht mehr mitspielen, weil sie mit der wahren Lebenskraft in Berührung gekommen sind: der Liebe Gottes. Diese Liebe macht aus ängstlichen Menschen furchtlose Menschen, aus gehetzten Menschen ruhige Menschen, aus bedrückten Menschen zuversichtliche Menschen. Ungewöhnliche Menschen eben. Menschen, die Jesus ähnlich geworden sind. Deshalb möchte ich »auf den ganzen Rest« nicht verzichten. Wäre das eine Antwort?

Ist Papst Franziskus zu weit gegangen?

»Der neue Papst bringt alles durcheinander«, sagte mir jemand dieser Tage. »Jetzt hat er sogar den Gründonnerstagsgottesdienst in einem römischen Jugendgefängnis gefeiert. Und nicht nur das! Er hat auch zwei Frauen und zwei Muslimen die Füße gewaschen.« In Deutschland geschah übrigens Ähnliches. Auch bei uns haben Pfarrer Frauen zur Fußwaschung zugelassen, und auch hier wurde Unmut laut. Es seien doch wohl zwölf Apostel gewesen, denen Jesus die Füße gewaschen habe, zwölf Männer also, und Zweck dieser Handlung sei nun einmal, Jesus nachzuahmen.

Ich finde: Papst Franziskus *hat* Jesus nachgeahmt. Aber er hat die Zeichensprache Jesu besser verstanden als mancher andere. Er hat Jesus nicht imitiert, sondern in seinem Sinn gehandelt. Denn der tiefere Sinn der Fußwaschung liegt im Dienen, und nichts anderes ist unsere Aufgabe als Christen. Ein Christ zu sein bedeutet dienen, und zwar jedem, egal ob Mann oder Frau, ob Christ oder Muslim. Christen machen keine Unterschiede. Damit sind sie vielen immer schon zu weit gegangen. Schon Petrus protestierte, als Jesus ihm die Füße waschen wollte: Das ist doch Sklavenarbeit! Wenn überhaupt, müsste ich *dir* die Füße waschen...! Jesus ging ihm zu weit. Aber Jesus ist in den Augen der Welt immer zu weit gegangen. Er hat nie gefragt, was schicklich ist, selbst geheiligte Traditionen hat er über Bord geworfen. Wenn unser Papst heute Frauen und Muslimen die Füße wäscht, beweist das nur: Er hat die Zeichensprache Jesu wahrhaftig verstanden.

Jemand, dem ich davon erzählte, sagte mir: Die Muslime sollten von ihm lernen und einmal Christen die Füße waschen. Ich glaube allerdings, das tun sie schon. Wie viele Musliminnen waschen unseren Kranken in den Krankenhäusern die Füße – und nicht nur das! Aber letztlich geht es darum auch nicht. Jesus Christus hat nie gesagt, was die anderen tun sollen. Er hat gesagt, wie du und ich sich verhalten sollen. In unserem Leben muss seine Botschaft sichtbar werden.

Papst Franziskus hat neue Zeichen der Hoffnung gesetzt. Vielleicht wird er die Botschaft Jesu in unserer Zeit neu aufleben lassen. Wir alle sehnen uns danach.

Aus dem Alltag eines Abtprimas

Der nächste Morgen

Gestern Abend ist es wieder spät geworden. Zu viele E-mails, zu viel Post auf meinem Schreibtisch. Also nicht auf die Uhr geschaut und Briefe beantwortet. Nur dumm, dass ich heute früh um zehn nach sechs aufstehen musste.

Der Wecker klingelte. Ich saß auf der Bettkante und überlegte: Soll ich mir meine Morgengymnastik jetzt wirklich antun? Vielleicht erst einmal rasieren. Das Gesicht, das mir aus dem Spiegel entgegenblickte, war nicht gerade ermutigend. Dann überwand ich mich und machte doch kurz meine Gymnastik. Schon ging es besser, und nach der Dusche – heiß-kalt, heiß-kalt, heiß-kalt, immer im Wechsel – sah ich einen Notker im Spiegel, der wieder über sich selbst lächeln konnte. Na bitte. Das wäre geschafft.

Auf meinem Weg zum ersten Stundengebet traf ich im Aufzug zwei junge indische Studenten. Wir lächelten einander zu, nickten schweigend, genossen die Stille und sammelten uns fürs Gebet – bei uns wird in der Frühe nur das Nötigste geredet, am besten gar nichts. Als ich die Kirche betrat, war ich schon wieder zu mir gekommen, und als ich die ersten Töne des Stundengebets anstimmte, war ich endgültig hellwach. Den Tag mit Gesang beginnen, im Chor meiner Brüder, den Text der Psalmen auf den Lippen, das ist großartig. Ich vergesse dabei mich selbst und blicke auf Gott, der mich geschaffen hat, der mich durch den ganzen Tag begleiten und leiten wird. Die Psalmen – für mich sind sie Verankerung und Aufmunterung. Dann verstummte der Gesang, und ich hatte wieder den Mut, den neuen Tag anzugehen. Ich spürte auch die Gelassenheit, die Dinge auf mich zukommen zu lassen.

Nach der Messe ging ich durch unseren Kreuzgang zum Frühstück. Die Sonne war schon aufgegangen, ihre Strahlen wärmten bereits die kühle Morgenluft. Amseln sangen, und ich pfiff ihre Melodien nach. Eine kam immer näher gehüpft. Sie sang, ich pfiff – ein Zwiegespräch. Auf einmal blickte sie mich erstaunt an; ich war eben doch nicht der richtige Partner für sie. Egal. Ich war fröhlich, ich war gut gelaunt. Der Arbeitstag konnte beginnen.

Im Aufzug gefangen

Für frühere Generationen war der Glaube etwas Selbstverständliches, eine Gewohnheitssache, und ihr Umgang mit Gott hatte oft etwas Vertrauliches, fast Familiäres. Stoßgebete oder die Anrufung eines Heiligen gehörten zu ihrem Alltag und machten ihnen manches leichter; in jedem Fall fühlte man sich mit all seinen Alltagssorgen nicht alleingelassen und deshalb vielleicht auch nicht so schnell überfordert wie heute. Ich bin froh, dass ich mir etwas von dieser praktischen, alltäglichen Frömmigkeit bewahrt habe – sie ist ganz nützlich, wie Sie gleich sehen werden.

Vor einiger Zeit drehte nämlich ein deutsches Filmteam bei uns in Sant'Anselmo einen Film, ein Kameramann und ein Tonmann. Irgendwann wollte ich mit den beiden mit dem Aufzug nach oben fahren, aber wie es der Kuckuck will: Die Tür ging zu, aber der Aufzug bewegte sich nicht, und die Tür war ebenfalls blockiert. Wir saßen fest. Was tun?

Ich drückte den Alarmknopf und nahm die Sache gelassen. Meine beiden Mitgefangenen aber kamen ins Schwitzen – ein Aufzug ist eng. Wie lange wir wohl jetzt ausharren müssten, wollten sie wissen. »Das letzte Mal«, antwortete ich ihnen scherzhaft, »hat es bis zum nächsten Morgen gedauert. In solchen Fällen knie ich immer nieder und bete den Rosenkranz.« Meine Auskunft verwirrte sie, wohl nicht nur deshalb, weil keiner von beiden wusste, was ein Rosenkranz ist. Ich wollte ihnen gerade erklären, dass

Beten ungemein beruhigt, da hörten wir draußen schon Stimmen und Geräusche; entweder wurde versucht, uns per Hand ins nächste Stockwerk zu ziehen, oder die Tür über einen Mechanismus zu öffnen. Auch ich war selbstverständlich erleichtert, denn die Augusthitze verwandelte den Aufzug in einen Brutkasten. Als wir schließlich befreit waren, stand den beiden jedenfalls der Schweiß auf der Stirn – ob die Hitze oder die Angst daran schuld war, kann ich nicht sagen. Ich weiß nur: Bei mir war's die Hitze.

Vertrauen hilft einem in solchen Fällen weiter. Das ganz einfache, handfeste Vertrauen darauf, dass Hilfe naht und Gott uns nicht im Stich lässt. Aber dieses Vertrauen will gelernt sein, sonst stellt es sich nicht ein, wenn man es braucht.

Ein Frühlingsspaziergang

Auch in Rom hat der Winter lange angehalten. Es war kalt und regnerisch bis über Ostern hinaus. Jetzt aber macht sich der Frühling kraftvoll bemerkbar. Die Kirsch- und Mandelbäume haben ihre weißen und violetten Blütenblätter schon abgeworfen, und das frische Grün der Bäume lässt bereits an den Sommer denken.

Damit mir die Decke nicht auf den Kopf fällt, spaziere ich gern am Sonntagnachmittag über den Aventinhügel. Er ist der südlichste der sieben Hügel Roms, und an seinem äußersten Rand erhebt sich der Klosterkomplex von Sant'Anselmo, der mir längst zur zweiten Heimat geworden ist. Auf meinem Weg komme ich an zwei alten Kirchen vorbei, Sant'Alessio aus dem 9. Jahrhundert und Santa Sabina, eine Kirche, die älter als unser Orden ist, nämlich 1600 Jahre alt. Beide sind immer einen Besuch wert – kurz innehalten, um die Seele atmen zu lassen, und sich bei Gott geborgen wissen. Mein drittes Ziel ist der Orangengarten hinter Santa Sabina, fest von alten Mauern umschlossen. Viele kommen hierher, um den Ausblick zu genießen. Von hier oben sieht man das milchig-grüne Wasser des Tiber, dahinter das Gewimmel der Häuser von Trastevere, und über allem die mächtige Kuppel des Petersdoms. Eltern spielen mit ihren Kindern und junge Paare spazieren – man staune – Händchen haltend über die Kieswege.

Im Frühjahr ist dieser kleine Park eine einzige Idylle. Aber einer fehlt mir jetzt. Der alte Mann, der in der kal ten Jahreszeit am Eingang sitzt, einen Schlapphut auf dem Kopf und in einen abgetragenen, dunkelbraunen Mantel gehüllt. Vor sich hat er einen kleinen Ofen, eigentlich bloß eine Holzkohlenpfanne, auf deren Eisenrost Esskastanien brutzeln. Wenn ich ihm im Winter zuschaue, steht die Zeit still. Mit einer Eisenzange greift er jede Kastanie, schaut sie an, dreht sie hin und her und legt sie wieder auf den Rost. Wenn eins der vorbeischlendernden Pärchen welche kaufen, rollt er sie in ein steifes, ockerfarbenes Tütchen, das er schon vorbereitet hat. Ein kurzes Schwätzchen, und er sitzt wieder allein da, die Augen auf seine Kastanien gerichtet.

Wird er im Herbst zurückkommen? Mit dieser Frage kehre ich an meine Arbeit zurück, erfrischt und erfreut.

Wie man sich mit einer Ruhestörung anfreundet

»Lasst sie durch! Die Kinder sollen ruhig zu mir kommen«, sagte Jesus, als seine Jünger die lärmende Rasselbande zurückdrängen wollten, die ihn am Ortseingang zusammen mit ihren Müttern erwartet. Sympathisch, dass Jesus auch Zeit für die Kleinsten fand, nur – sie können einem ja wirklich auf die Nerven gehen. Vor allem, wenn man mit ihnen auf engstem Raum eingesperrt ist, so wie ich neulich, als ich in einer kleinen Maschine von Rom nach Bozen flog.

Ausgerechnet direkt vor mir hatten drei italienische Familien mit ihren Kindern Platz genommen. Kaum waren wir gestartet, ging es rund. Mal quietschten sie vor Vergnügen, mal schrieen und weinten sie vor Trotz. »Du, Mutti, schau mal, die Wolke da sieht wie unser Hase aus!«, kreischte ein Mädchen begeistert. Entdeckerfreude muss geteilt werden.

Eigentlich wollte ich ein bisschen ruhen. Ich stöhnte innerlich ein paar Mal, aber dann sagte ich mir: Du warst doch auch mal so einer kleiner Schreihals. Wie schön, dass sie sich rühren. Das geht nun mal nicht ohne einen gewissen Lärmpegel. Und im übrigen: Die Kinder, die Jesus so gern um sich hatte, waren bestimmt keine wohlerzogenen Bürschchen im Sonntagsanzug, waren bestimmt keine schweigsamen, kleinen Modepüppchen. »Schaut sie euch an«, sagte er zu seinen Jüngern. »Wenn ihr die Freude des Gottesreichs erleben wollt, müsst ihr wie diese Kinder werden. So voller Vertrauen und so unverbogen.« So wie dic da vor mir eben. Und auf einmal war ich froh, junge, quick-lebendige Menschen um mich zu haben. Ich fühlte mich selbst lebendiger – und schlief ein.

Jesus kam mit Kindern offenbar gut aus. Nirgendwo wird gesagt, dass er an ihnen herumgemäkelt hätte. Im Gegenteil: Oft stellt er sie als Vorbild hin, als Vorbild für seine erwachsenen Zuhörer. Kinder sind, wie sie sind. Sie täuschen nichts vor. Und sie hängen mit ungebrochenem Vertrauen an ihren Eltern. Das muss Jesus an ihnen gefallen haben. Als ich die Augen aufmachte, sah mich ein drei-jähriges Mädchen an. »Sei un tesoro« (Du bist ein Schatz), sagte ich. Da strahlte es, und die kleinen Zähne blitzten im lachenden Mund.

Als Gast in verrufenen Ländern

Täglich erreichen uns beunruhigende Nachrichten aus anderen Teilen der Welt, aus Syrien, Pakistan, Mali oder dem Kongo. Erschreckende Nachrichten. Wir lesen von Kriegen, Überfällen, Geiselnahmen und Selbstmordanschlägen und fragen uns wahrscheinlich: Was stimmt mit diesen Menschen nicht? Wie kann man so gnadenlos gegeneinander wüten? Wenn wir ehrlich sind, jagen uns solche Verhältnisse Angst ein, und niemals würden wir einen Fuß in diese Länder setzen. Niemals.

Ich bereise solche Länder. Kürzlich war ich beispielsweise in Südafrika, einem Land, das durch seine hohe Kriminalität bei uns in Verruf gekommen ist. Lassen Sie mich erzählen, welche Eindrücke ich von dort mit nach Hause genommen habe.

Ein deutscher Fernsehsender rief mich wegen eines dringenden Interviews an. Ich sei in Südafrika? Kein Problem, hieß es. Wir besorgen Ihnen ein Studio in Kapstadt. Gesagt, getan, nur wenig später saß ich vor einer Fernsehkamera, lächelte ins Leere und beantwortete die Fragen, die aus einem Knopf in meinem Ohr kamen. Aber das war nicht das Unvergessliche. Das Unvergessliche war die ungezwungene Freundlichkeit der jungen Südafrikaner, die dort arbeiteten, ob schwarz oder weiß. Ich muss ihnen reichlich fremd vorgekommen sein, aber sie nahmen sich sogleich meiner an, reichten mir einen Espresso und waren die Aufmerksamkeit selbst, auch hinterher im Studio, wo das Kabel zwischen Sender und Mikrophon unter mein Gewand verlegt werden musste. »Ah, das kennen Sie schon«, lächelte der Techniker, »das erleichtert uns die Sache.« Und so ging das unvorhergesehene Interview ganz entspannt über die Bühne.

Ich kam von weit her. Ich trug das Ordensgewand der Benediktiner. So einen wie mich hatten sie vielleicht noch nie gesehen. Aber für diese jungen Südafrikaner zählte nur der Mensch. Sie gingen auf mich ein, als wäre ich ein alter Freund, und deshalb hatten sie an mir genauso viel Freude wie ich an ihnen. Natürlich steht davon nichts in den Zeitungen. Kriminalität ist immer eine Schlagzeile wert, warmherzige Menschlichkeit nie. Aber als Vielreisender frage ich mich manchmal, wo der göttliche Funke der Liebe lebendiger ist – in jenen verrufenen Ländern oder bei uns?

Ein Dialog der Kulturen

Ich bin im Südwesten Indiens unterwegs, in Kerala. Auf halber Strecke von einem Kloster zu einem anderen macht unser Fahrer Halt, und wir betreten eine Tee- und Kaffeebar am Straßenrand. An einem der Tische sitzt eine indische Familie, die ihre Reise ebenfalls für ein einfaches Mittagessen unterbrochen hat: die Eltern mit zwei kleinen Kindern. Offensichtlich eine muslimische Familie, wie am schwarzen Schleier der Mutter unschwer zu erkennen ist. Wir nehmen am Nachbartisch Platz.

Das kleinere Mädchen der beiden schaut mich schüchtern an. Irgendetwas an mir scheint die Kleine zu beschäftigen. Jedenfalls lässt sie mich nicht aus ihren großen, dunklen Augen, deren Ränder ihre Mutter mit einem schwarzen Stift nachgezogen hat, sodass sie noch größer wirken. Und jetzt muss auch ich immer wieder zu ihr hinübergucken. In ihrem schwarzen Haar stecken zwei Plastikschmetterlinge. Ihr weißes Kleid ist mit Pailletten besetzt. Das ganze kleine Wesen bietet einen hinreißenden Anblick. Jedes Mal, wenn ich mich nach ihr umdrehe, begegnen uns unsere Blicke. Findet sie, dass ich in meinem schwarzen Mönchsgewand Ähnlichkeit mit ihrer Mutter habe? Fragt sie sich, was es mit dem silbernen Kreuz auf meiner Brust wohl auf sich haben mag? Wer weiß. Ich lächle ihr zu, aber sie bleibt ernst. Kein Lächeln ist ihr zu entlocken. Umso mehr freut sich der Vater über das gegenseitige Interesse, das da zwischen seiner Tochter und dem Fremden am Nachbartisch aufgeflackert ist. Und er gestattet mir, ein Foto der Kleinen zu machen. Dann kommt unser Essen.

Plötzlich klopft mir jemand auf den Rücken: Hinter mir hat sich die Familie zum Abschied aufgestellt. Die Kleine sitzt auf dem Arm ihres lächelnden Vaters und winkt mir vorsichtig zu. Ich winke zurück – und werfe ihr ein Kusshändchen zu, fast erschrocken über meine Spontaneität; man weiß ja nie, wie eine solche Geste in einer fremden Kultur aufgenommen wird. Da ahmt die Kleine mich nach, gibt mir ein Kusshändchen zurück, schickt auch gleich noch ein zweites hinterher, und alle lachen.

Wenn der Dialog zwischen den Kulturen und Religionen doch nur immer so unkompliziert wäre!

Der heilige Antonius in Indien

Waren Sie schon mal in Indien? Dann wissen Sie, was riskante Überholmanöver sind. Auf den Bergstraßen Keralas im Südwesten Indiens sind sie noch riskanter als sonst, und genau dort war ich unterwegs. Ich saß auf dem Beifahrersitz und starrte bei jedem Überholmanöver auf die Autos, die uns entgegenkamen und nichts dabei fanden, im selben Augenblick ihrerseits zu überholen. Ein Zusammenstoß schien unausweichlich, ich hielt die Luft an, doch jedes Mal fädelten alle Beteiligten gerade noch rechtzeitig in ihre Spur ein. Mit der Zeit entkrampften sich meine Füße und Hände, denn mein Fahrer hatte sein Auto wirklich gut im Griff.

Da hielt er plötzlich ohne Erklärung an und stieg aus. Stimmte etwas mit den Reifen nicht? Hatten wir ein Leck im Kühler? Auf solchen Reisen muss man auf alles gefasst sein. Im nächsten Moment entdeckte ich an einem Telefonmast ein Plakat mit dem Bild eines Heiligen. Es war der heilige Antonius mit dem Jesusknaben auf dem Arm. Und dieses Plakat verwies auf einen großen Bildstock, an dem hinter Glas ein weiteres Bild des heiligen Antonius prangte. Dorthin lenkte der Fahrer seine Schritte, blieb davor stehen, neigte den Kopf und betete still.

Ob er etwas verloren hat?, überlegte ich. Der heilige Antonius soll ja helfen, verlegte Dinge wiederzufinden. Da hielt schon der nächste Wagen, und der nächste Fahrer stieg aus, trat auf das Bild des Heiligen zu und steckte sogar einen gefalteten Geldschein in den Schlitz unter dem Bild. Da war mir klar, dass die Vorüberkommenden hier einfach die Gelegenheit nutzten, sich dem Schutz eines Heiligen anzuvertrauen. Jeder andere Heilige hätte es wohl genauso getan. Offenbar wollten sie sich nicht allein auf ihre Fahrkünste verlassen, und der heilige Antonius kam ihnen als Fürsprecher und Schutzpatron gerade recht.

Wir aufgeklärten Europäer mögen diese Menschen belächeln. Doch sind wir wirklich klüger? Klüger als sie, denen es nicht reicht, wenn sie als Fahrer ihr Bestes geben? Die sich im rasanten indischen Straßenverkehr geborgener fühlen, wenn sie glauben dürfen, dass auch Gott sein Bestes gibt? Vielleicht sollten wir mit dem Belächeln etwas weniger schnell bei der Hand sein.

Das kleine Einmaleins des Gottvertrauens

»Abt Notker, haben Sie eigentlich keine Angst?«, fragte mich der junge Mann, der mich zum Flughafen von Rom brachte. Ich war im Begriff, in den Iran zu fliegen. Natürlich ein etwas ausgefallenes Reiseziel, aber ich flog ja nicht aufs Geratewohl. Im letzten Jahr hatten uns schiitische Geistliche aus dem Iran in Sant'Anselmo besucht, sie hatten mich eingeladen, und jetzt war ich auf dem Weg zu ihnen. »Haben Sie keine Angst?«, fragte mich der junge Mann am Steuer. Ich verstand ihn nicht. »Na ja«, erklärte er, »die sind doch Muslime. Schiiten. Mit denen soll nicht gut Kirschen essen sein. Außerdem könnten die Amerikaner oder die Israelis den Iran bombardieren ...«

Nein, ich hatte keine Angst. Ich flog zu Freunden. Und es war gar nicht schwer gewesen, sich mit ihnen anzufreunden. Denn von vornherein hatten wir etwas gemeinsam: unseren Glauben an den einen Gott. Diese Gemeinsamkeit war gewissermaßen der Boden, auf dem Respekt und Vertrauen gedeihen konnten. Dieser Boden trug uns, und einen solchen Boden braucht man, wenn man sich sonst ganz fremd ist. Bei schiitischen Geistlichen ist es eben wie bei allen Menschen: Sie verlangen Respekt. Sie verlangen, dass man ihre Grundüberzeugungen nicht belächelt oder gar verhöhnt. Und was die Bomben anging – da ging ich einfach davon aus: Wenn sie fallen sollten, werden sie schon nicht gleich auf mich fallen. Das ist das kleine Einmaleins des Gottvertrauens. Das habe ich im Lauf meines Lebens gelernt. Das lässt sich in jeder Lebenssituation auch gut anwenden.

Natürlich war diese Reise für mich ein Abenteuer. Ich war noch nie im Iran. Die Einreise, die Zollkontrolle, die Unterbringung, das Essen – nichts davon war vorhersehbar, alles war neu. Und alles lief bestens. Wenn man eine gemeinsame Basis hat, dann kann man freimütig sprechen, dann kann man sogar streiten und trennt sich am Ende als noch bessere Freunde. Ich bin froh, dass ich die Unkenrufe einfach überhört habe. Ich hätte mich sonst um eine wertvolle Erfahrung gebracht: die Erfahrung, dass wir mit allen Menschen dieser Erde in den Genuss des göttlichen Geschenks der Freundschaft kommen können. Vorausgesetzt, wir nehmen sie in ihren tiefsten Überzeugungen ernst.

Danke für eure Sorgen!

Von Zeit zu Zeit sollte man seine Einstellung überprüfen. Eine Einstellung ist nicht schon deshalb richtig, weil es unsere Einstellung ist. Oder anders ausgedrückt: Wir tun gut daran, uns hin und wieder etwas sagen zu lassen. Das fällt nicht leicht. Das fällt auch einem Abtprimas nicht leicht, und deshalb kam es zu folgender Situation.

Vor ein paar Monaten zog ein schwerer Wirbelsturm namens Sandy auf die Ostküste der USA zu. Ich hielt mich in diesen Tagen etwas südlich von New York auf und las mit wachsender Verärgerung die E-Mails aus der Heimat: Ob ich nicht in schrecklicher Gefahr schwebte, ob ich Sandy wohl heil überstehen würde, ob ich zum geplanten Termin überhaupt zurückfliegen könne, usw. Offen gesagt: Mir gehen solche Sorgen auf den Wecker. Typisch deutsch, sagte ich mir. Jeder lässt sich von irgendwelchen Unglücksmeldungen aus irgendeinem Winkel dieser Erde gleich in Angst und Schrecken versetzen. Ich war entnervt, und ich fand, dass ich im Recht war – ich mag ihn nun einmal nicht, diesen besorgten Ton. Ich mag sie nun einmal nicht, diese Verzagtheit, die immer gleich das Schlimmste kommen sieht. Als würde ich mir nicht zu helfen wissen, wenn es so weit ist. Wie war es damals, als ich wegen der isländischen Vulkanaschewolke drei Tage in den USA festsaß? Gut, ich musste Termine absagen. Aber das Hotel, in dem mich die Fluggesellschaft untergebracht hatte, war gemütlich, und Arbeit hatte ich genügend dabei. Endlich kam ich dazu, zwei Manuskripte zu korrigieren. Nein, ich mag es nicht, wenn man mich mit unnötigen Sorgen um meine Person überschüttet. Und das ließ ich die E-Mail-Schreiber auch wissen.

Da schrieb jemand zurück: Notker, akzeptiere endlich mal, dass es Menschen gibt, die sich Gedanken um dich machen, denen dein Wohl am Herzen liegt, die sich Sorgen um dich machen. Dass es Menschen gibt, denen du wichtig bist. Wäre es dir lieber, du wärst ihnen gleichgültig? Stimmt, habe ich mir da leicht beschämt eingestanden. Statt mich zu ärgern, sollte ich dankbar sein. Dankbar für all die Menschen, die mich auf meinen Reisen im Geist begleiten und um mich bangen. All denen sage ich an dieser Stelle deshalb: Habt Dank.

Alles eine Frage der Einstellung

Manchmal ist das Leben als Abtprimas eine einzige Hetze. Die Termine überschlagen sich, und eigentlich müsste ich an drei Orten gleichzeitig sein. So ging es mir beispielsweise nach dem Rücktritt des Papstes. Gerade hatte ich Kalifornien und Indien hinter mir, da erreichte mich noch beim Landeanflug auf den Flughafen von Rom die erste Interview-Anfrage von Radio Bremen. Um 14 Uhr traf ich in Sant'Anselmo ein und packte gerade meine Koffer aus, als mich der Bayerische Rundfunk mit der Bitte bedrängte, noch am selben Abend an zwei Talk-Sendungen teilzunehmen. Also gleich den Flug nach München gebucht und zurück zum Flughafen gefahren, wo ich ja gerade herkam. Indien, Rom, München – alles innerhalb von 24 Stunden. Manchmal wird mir selbst schwindelig, wenn ich mir überlege, wie viel in einen einzigen Tag hineinpasst.

Wie schaffen Sie das?, heißt es dann. Sie müssen doch vom letzten Flug noch den Jetlag in den Knochen haben? Und jetzt im selben Tempo weiter? Was ist Ihr Geheimnis?

Wie oft ist mir schon der Zusammenbruch prophezeit worden ... Sonderbar, aber die Kräfte lassen nicht nach. Im Gegenteil. Mir wachsen neue Kräfte zu, wenn es drunter und drüber geht. Vielleicht kommt es daher: Ich verschwende keinen Gedanken daran, dass ich armer, gestresster Mensch eigentlich Anspruch auf Ruhe hätte. Es kommt mir gar nicht in den Sinn zu stöhnen. Ich gönne mir kein Selbstmitleid und will von Mitleid nichts wissen. Ich halte

Selbstmitleid für eines der Grundübel unserer Zeit und bin überzeugt: Den Stress machen wir uns oft selbst. Der ist eine Frage der Einstellung. Wenn wir uns einreden, es sei zu viel, dann spielt eben auch der Körper nicht mehr mit.

Und dann: Ich bin gern unter Menschen. Ich freue mich über jede Begegnung. Noch am vorletzten Abend jenes Tages, an dem der Papst zurücktrat, hatten wir in Indien das 25-jährige Bestehen der Abtei gefeiert. Über 200 Schüler der angeschlossenen Schule waren im Speisesaal anwesend gewesen, wir hatten geredet und gesungen, ich mitten unter ihnen. Ich bin sicher: Je mehr wir geben, desto mehr erhalten wir zurück. Mit dieser Einstellung stürze ich mich ins Leben – und blühe auf.

Gänseblümchen

In Deutschland lag vielerorts noch Schnee, als sich bei uns in Sant'Anselmo die Gänseblümchen einstellten. Plötzlich waren die Rasenflächen im Innenhof weiß gesprenkelt, und ich wusste: Der Winter ist vorbei. Im Kreislauf des Jahres beginnt nun die Zeit der Vorfreude, und diese geht mit dem Gesang der Vögel und der Schönheit der Blütenpracht einher. Der eigentliche Ausbruch der Lebensfreude in der Natur steht noch bevor, aber die Gänseblümchen versüßen uns die Wartezeit; auf ihre bescheidene Art nehmen sie diesen Ausbruch vorweg.

Gerade das mag ich so sehr an ihnen – ihre Bescheidenheit. Andere Blumen trumpfen ganz anders auf. Gänseblümchen bezaubern nicht mit dem Duft der Rosen, sie prahlen auch nicht mit der Üppigkeit der Pfingstrosen, sie tragen die Bescheidenheit schon im Namen – und dennoch sind sie meine Lieblingsblumen. Vielleicht auch eben deshalb. Sie sind halt einfach da. Sie haben keinen Nutzen, keinen Wert, sie sind zu klein, zu unscheinbar, aber wenn ich von oben auf unseren weißgetupften Rasen hinunterschaue, erfreuen sie mein Herz.

Wir sind gewöhnt, das Überwältigende zu bewundern. Wir finden leicht Gefallen an dem, was uns imponiert. Wir lassen uns von allem beeindrucken, was wuchtig und mächtig daherkommt, und schenken dem Kleinen keine Beachtung. Ist das nicht eine schlechte Angewohnheit? Denn Wert und Schönheit finden sich im Kleinen wie im Großen, sobald wir einen Blick dafür entwickeln. Die kleinen Leute, die Gänseblümchen-Menschen? Auch sie besitzen alles, um in unseren Augen schön und groß und wertvoll zu sein – und umso liebenswerter, als sie uns nicht durch ihre besondere Stellung in der Welt, durch einschüchternde Erfolge oder strahlendes Aussehen zu blenden versuchen. Sie sind, wie sie sind, die Gänseblümchen-Menschen, sie überlassen das Auftrumpfen anderen, und genau dies können wir von ihnen lernen: nicht partout und um jeden Preis gefallen und auffallen wollen, sondern echt sein. Authentisch sein. Nahbar sein. Einfach da sein, zur Freude anderer, wie die Gänseblümchen, die sicherlich bald auch für Sie blühen werden.

Engel

Kürzlich kam eine Dame auf mich zu. Ich hatte einen Vortrag gehalten, und jetzt wollte sie von mir wissen, warum ich kein Wort über Schutzengel verloren hatte. »Der Schutzengel ist für unser Leben doch sehr wichtig!« Ich fand die Bemerkung der Dame offen gesagt unpassend. Ich hatte über die Situation unseres Ordens gesprochen – was hätten Schutzengel da zu suchen gehabt? Und überhaupt: Sollen die Schutzengel plötzlich wichtiger sein als die wahren Geheimnisse unseres Glaubens, die Menschwerdung Gottes oder die Auferstehung Jesu?

Ihre Frage hatte vorwurfsvoll geklungen, und komischerweise ging sie mir nicht mehr aus dem Sinn. Ich hatte unwillig reagiert, aber warum? Ganz so fremd ist mir der Gedanke an Schutzengel doch auch nicht. Als ich nämlich kürzlich ein wenig Luft schnappen wollte, begegnete mir vor der Klosterpforte ein junges Ehepaar mit einem Kinderwagen. Gerade hoben sie ihre kleine Tochter liebevoll aus den Kissen. Die Kleine strahlte, und im Stillen betete ich, dass ein guter Engel sie in ihrem Leben stets begleiten möge. Der Gedanke war mir spontan gekommen, und er erschien mir selbstverständlich.

Dann ging ich weiter, zu den beiden alten Kirchen Sant'Alessio und Santa Sabina, beide gleich um die Ecke. Und siehe da, in allen Gemälden entdeckte ich Engel. Und auf einmal verstand ich: Engel sind die Gegenwart Gottes bei uns Menschen. Die schützende Hand Gottes wird durch die Engel im Bild sichtbar. Und sind sie nicht ein schönes Bild? Gott geht durch seine Engel auf uns zu – das hat die Jungfrau Maria erlebt, als der Erzengel Gabriel ihr einen Sohn ankündigte. Das haben auch die Frauen am leeren Grab erlebt, als die Engel ihnen erklärten: Der, den ihr sucht, ist nicht hier. Sucht ihn nicht unter den Toten! Er lebt, er ist auferstanden!

Engel verkünden und verheißen neues Leben. Selbst das Gewimmel der reizenden Putten, die flatternden Engelchen der Barockzeit, alles Zeichen des Lebens und der Lebensfülle. Sie sagen uns: Gott ist bei uns, auch wenn wir ihn nicht sehen. Schon der Dichter des 91. Psalms hat uns deshalb versichert: »Er befiehlt seinen Engeln, dich zu behüten auf all deinen Wegen.« Sollte mir die Dame noch einmal begegnen, ich würde mich bei ihr bedanken.

Den Dingen ihren Lauf lassen können

Während ich diese Zeilen schreibe, sitze ich im Flugzeug über dem Atlantik und – ärgere mich. Grolle. Schimpfe in mich hinein. Seit zwei Jahren verspricht die Fluggesellschaft neue Sitze, Internetanschluss und Pünktlichkeit, aber alles Fehlanzeige. Ich weiß nicht einmal, ob ich meinen Anschlussflug nach Los Angeles erreichen werde, ob ich heute überhaupt noch ans Ziel komme. Wenn nicht, hätte ich mir diesen Flug sparen können. Schon die letzten Flüge hatten Verspätung, heute sind es über drei Stunden. Wirklich ärgerlich. Ich wünschte, die Herren aus den oberen Etagen würden die Probleme ihrer Kunden einmal selbst erleben ...

Aber Ärgern nützt nichts. Es ändert nichts. Habe ich als Mönch nicht gelernt, die Dinge einfach mal geschehen zu lassen? Auf mich zukommen zu lassen, ohne dieses zwanghafte Eingreifenwollen, Eingreifenmüssen? Warum nicht auch jetzt einfach zuschauen und abwarten, was draus wird? Was Gott mit mir vorhaben könnte? Meint er es denn nicht gut mit mir? Manchmal muss ich mich an meinen eigenen Glauben erinnern, das hilft. Und wie ich ruhiger werde, tauchen Bilder in mir auf. Bilder, die ich auf anderen Kontinenten gesammelt habe, in Mittelamerika, Afrika und Asien, und ich erinnere mich daran, mit welcher Schicksalsergebenheit die Menschen anderer Völker warten können. Stundenlang warten können, ohne dass sich in ihren Gesichtern, in ihren Bewegungen die kleinste

Nervosität zeigt. Es ist gut, Vorbilder zu haben. Auch diese Erinnerungen helfen.

Und dann fällt mir auf: Die Vorbilder habe ich ja direkt vor der Nase! Es sind die Stewardessen und Stewards. Bewundernswert, wie sie die Ruhe bewahren. Dabei sind sie die Prellböcke für den Ärger der Passagiere. Sie müssen sich die Beschwerden anhören und manchen Vorwurf einstecken, obwohl sie nichts dafür können, obwohl sie selber darunter leiden. Würde ich an ihrer Stelle nicht irgendwann aus der Haut fahren? Sie aber hören geduldig zu und entschärfen so manche unangenehme Situation. Wie wär's, wenn ihre Vorgesetzten einmal im Monat diesen Job machen würden, denke ich – und habe meinen Ärger längst vergessen.

Ein Blick hinter die Kulissen

Immer wieder werde ich gefragt: Abtprimas Notker, Sie reisen viel. Ständig sind Sie unterwegs zu Konferenzen, auf denen sich die Benediktiner eines ganzen Landes treffen. Was beratet ihr eigentlich dort in den USA, in Indien, in Deutschland oder auf den Philippinen? Also werfen wir einen Blick hinter die Kulissen.

Vor einiger Zeit war ich in Johannesburg, wo die Oberen und Oberinnen unserer Klöster in Zimbabwe, Namibia und Südafrika zusammenkamen. Es erwartete uns keine leichte Aufgabe, denn auf der Tagesordnung stand ein heikles Problem: die unterschwelligen Ressentiments, die die verschiedenen Volksgruppen in den Ländern Afrikas gegeneinander hegen. Diese Ressentiments vergiften nicht nur das politische Leben, sie erschweren auch das Zusammenleben der Brüder und Schwestern in unseren Klöstern, sodass es selbst dort zu erstarrten Fronten kommt. Normalerweise wird darüber nicht gesprochen, doch diesmal in Johannesburg wurde offen diskutiert, wurden die Probleme beim Namen genannt: die Verachtung, die die einen für die anderen empfinden, der mangelnde Respekt gegenüber der jeweils anderen Kultur. Es ist schwer, im christlichen Geist zusammenzuleben, wenn einen so viel trennt, aber wir gingen in der Hoffnung auseinander, dass der Glaube stärker ist als alle Ressentiments.

Wie war es in Tansania gewesen?, überlegte ich mir hinterher. Dort hatten sich die Missionare Anfang des 20. Jahrhunderts auf eine einzige Verkündigungssprache geeinigt, das Kisuaheli, und diese Sprache war mit der Unabhängigkeit des Landes zur gemeinsamen Sprache aller geworden. Stammesunterschiede waren dadurch in den Hintergrund gedrängt worden, und Tansania hat seither seinen inneren Frieden bewahren können, während andere afrikanische Länder grausame Bürgerkriege erlebten.

Und dann erinnerte ich mich daran, wie lange in Deutschland darüber gestritten worden ist, ob Einwanderer Deutsch lernen müssen. Aus meiner afrikanischen Erfahrung kann ich nur sagen: Egal, ob wir Christen sind oder Muslime oder an gar nichts glauben – wir haben viel gemeinsam, wenn wir die Sprache gemeinsam haben. Und nur in einer solchen gemeinsamen Sprache werden wir, bei aller Unterschiedlichkeit, zur Zusammengehörigkeit finden.

Am Kap der Guten Hoffnung

Manchmal gönne ich mir auf meinen Reisen einen Tag, an dem ich den Abtprimas für ein paar Stunden ablege und einmal ganz privat bin. So auch in Kapstadt, wo ich Freunde traf, nachdem ich etliche Klöster besucht hatte. Seit langem war es mein Traum, das Kap der Guten Hoffnung zu sehen, das früheren Seefahrern auf ihrem Weg nach Indien Furcht und Mut gleichzeitig eingeflößt hatte. Meine Freunde erfüllten mir diesen Wunsch, und wir mussten ziemlich klettern, bis endlich die Nahtstelle zwischen Atlantik und Indischem Ozean vor uns lag. Hier also hatten die spanischen und portugiesischen Karavellen gegen Strömung und Winde zu kämpfen gehabt ...

Meine Freunde hatten aber noch mehr mit mir vor. Über zahlreiche Serpentinen ging es an der felsenreichen Westküste Südafrikas zu einem Restaurant, das einen herrlichen Blick bot: auf den Atlantik und die untergehende Sonne. Als es so weit war, ging ich mit meinem Fotoapparat hinaus und suchte mir eine Palme für den Vordergrund. Auch wenn man sich diese Fotos später nie wieder anschaut – die Farbenpracht eines Sonnenuntergangs über dem Meer schreit förmlich danach, fotografiert zu werden. Im übrigen gab es auch einen zweiten Grund, weshalb mich mein Unternehmen nicht reute.

Nicht weit von mir entfernt standen noch zwei. Ein Liebespaar, eng umschlungen. Schweden, wie sich bald herausstellte. Sie fotografierten nicht, sie waren mit sich selbst beschäftigt, sie ließen sich von mir auch nicht stören, und ich erfreute mich meinerseits an diesem Bild: zwei Liebende, vom warmen Licht der untergehenden Sonne umflossen. Wie stark empfindet man die Liebe in solchen von Schönheit erfüllten Augenblicken!

Dann kamen sie auf mich zu. Sie wünschten sich eine bleibende Erinnerung an diesen Abend und baten mich um ein Foto. Und während wir miteinander sprachen, kamen mir beide so liebenswürdig vor, dass ich im Stillen betete, ihr Glück möge alle Zeiten überdauern. Wie schwierig ist es, sich sein Glück zu bewahren! Sie werden noch einen langen Weg zu gehen haben, und das Leben hält noch ganz andere Erfahrungen bereit als solche Glücksmomente. Ich aber wollte in diesen Augenblicken glauben, dass es diesen beiden gelingen könnte: ein Leben lang glücklich zu sein.

Ein Papst der klaren Worte

Ich saß im Flugzeug, als ich vom Rücktritt des Papstes erfuhr. Bei der Landung in Rom fand ich eine SMS auf meinem Handy vor. Es war eine Interview-Anfrage von Radio Bremen.

Ganz überraschend kam dieser Rücktritt für mich nicht. Es gab Anzeichen dafür, dass ihm das Alter zu schaffen machte. Letztes Jahr kehrte Benedikt sehr erschöpft von der Mexiko- und Kubareise zurück, und für dieses Jahr gelang es nur den brasilianischen Bischöfen, ihm eine Reise zum Weltjugendkongress in Rio de Janeiro abzutrotzen. Was aber, wenn der Leiter einer Weltkirche keine Reisen zu seinen Gläubigen mehr unternehmen kann? Wenn er das Wort nicht mehr direkt an sie richten kann? Denn das war doch seine Stärke, das Wort. Dieser Papst hatte etwas zu sagen. Und er tat es in deutlichen Worten, die klare Gedanken und unerschütterliche Überzeugungen zum Ausdruck brachten – absolut ungewöhnlich in einer Welt, wo die Mächtigen ihre Ansichten und Absichten mit Worten verschleiern. Stoßt zum Wesentlichen, stoßt zum Kern vor!, rief er den Gläubigen zu. Sucht das Heil nicht darin, der Kirche ein neues Image zu verpassen, sucht es in der Botschaft von Jesus Christus! Joseph Ratzinger war auch als Papst ein Seelsorger, kein Kirchenfürst.

Wer ihm je begegnet ist, erlebte ihn als bescheidenen und liebenswürdigen Mann, allem Machtgehabe abhold. Ja, er konnte auch schroff sein. Aber wenn er auf Menschen zuging, dann mit echtem Interesse. Zweimal ist er aus der Reihe ausgeschert und auf mich zugegangen, um mich mit freundlichem Lächeln zu begrüßen. Dass er uns Benediktinern zugetan war, hatte er schon durch die Wahl seines Namens bewiesen. Ich bedauere es sehr, dass er dieses Jahr nicht mehr zu uns auf den Aventin kommt.

Mit seinem Rücktritt bleibt er sich treu. Stets hat er sich als Arbeiter im Weinberg des Herrn verstanden, und wie ein Arbeiter, der die Kräfte schwinden fühlt, zieht er sich nun zurück. Eine klare und mutige Entscheidung – der Nachfolger Petri ist eben kein Übermensch, sondern der »Diener aller Diener«, wie einer seiner Titel lautet. Durch seinen Amtsverzicht ist er zum Vorbild geworden für die, die ihm folgen werden, aber auch für alle, die an ihren Stühlen kleben.

Jesus in weiblicher Gesellschaft

Die arme Witwe

Ich will in loser Reihenfolge einige Frauengestalten aus der Bibel vorstellen. Frauen aus dem Neuen Testament, die mit Jesus Christus in Verbindung standen. Da gibt es nicht wenige.

Sicher werden Sie nun gleich an Maria Magdalena denken. Und Sie haben recht – Maria Magdalena ragt heraus; Das tat sie schon, bevor Dan Brown mit seinem Roman kam. Auch sie wird an die Reihe kommen, gar kein Zweifel, aber beginnen möchte ich mit einer anderen. Mit einer scheinbar völlig bedeutungslosen Frau. Nicht einmal ihren Namen kennt man. Sie ist ein Niemand – trotzdem fällt sie Jesus auf, als er beim Opferstock im Tempel sitzt und die hereindrängenden Tempelbesucher beobachtet.

Jeder lässt eine Spende in den Opferstock fallen. Viele werfen mit großer Geste schimmernde Münzen hinein, silberne, womöglich goldene. Da entdeckt Jesus im Gewühl ein altes Mütterchen. Aus ihrem zerschlissenen Umhang kramt sie umständlich einige kleine Kupfermünzen hervor und steckt sie, jedesmal nach dem Schlitz des Opferkastens tastend, eine nach der anderen hinein. Gleich darauf ist sie auch schon im Gewühl der frommen Pilger und Beter verschwunden. Da springt Jesus auf. Er wendet sich an seine Jünger und sagt: »Habt ihr sie gesehen? Die alte Frau? Niemand hat mehr gespendet als sie. Alle anderen haben etwas von ihrem Überfluss abgegeben. Aber sie, sie hat ihr ganzes Vermögen hineingeworfen!«

Ist das möglich? Eine anonyme alte Frau schafft es auf die Seiten der Bibel! Ihre Großtat: ein paar Pfennige gespendet zu haben. Niemand hätte davon Aufhebens gemacht. Niemandem wäre sie überhaupt aufgefallen. Aber Jesus fällt sie auf. Weil diese ganz und gar unauffällige Frau in Wirklichkeit tollkühn ist. Toll vor Vertrauen auf die Liebe Gottes, kühn aus Glaubenszuversicht. Sie gibt alles, was sie besitzt, und riskiert, hungern, womöglich verhungern zu müssen. Aber sie glaubt, dass Gott sie nicht fallen lässt. In blindem Vertrauen wirft sie sich gewissermaßen in die Arme Gottes. Bei seinen Jüngern hatte Jesus diesen Glauben ein ums andere Mal vermisst, und jetzt findet er ihn hier, bei diesem Mütterchen mit den zittrigen Händen! Zu recht ist sie seit 2000 Jahren unvergessen. Aber dass wir heute noch von ihr wissen, verdanken wir dem göttlichen Scharfblick Jesu, der das Große im Kleinsten bemerkt und das Auffällige im Allerunauffälligsten entdeckt.

Die Frau am Brunnen

Ich möchte meine Gedanken über biblische Frauengestalten mit einer Episode aus dem Johannes-Evangelium fortsetzen. Und weil uns beide, Jesus wie auch die Frau, in dieser Geschichte als Menschen so nahe kommen, will ich sie ausführlich wiedergeben:

Jesus legt zur Mittagszeit Rast an einem Brunnen am Stadtrand von Sychar ein. Während er selbst ausruht, gehen seine Jünger in die Stadt, um Proviant zu kaufen. Da nähert sich eine Frau mit einem Krug. Jesus spricht sie an – er habe Durst, ob sie ihm wohl einen Schluck Wasser zu trinken gebe?

Die Frau stutzt. »Seit wann nehmen denn Juden von unsereins etwas an?«, fragt sie amüsiert. Nun muss man wissen: Sychar liegt in Samaria. Und mit den Leuten von Samaria wollen Juden eigentlich nichts zu tun haben, sie gelten ihnen als halbe Heiden. Die Frau staunt also, und staunt noch mehr über die Antwort, die sie erhält. »Wenn du wüsstest, wer ich bin, hättest du *mich* um Wasser gebeten.« »Du hast ja nicht mal ein Schöpfgefäß dabei«, entgegnet sie lachend. Jetzt ist man also im Gespräch, und Jesus erklärt ihr, dass er gar nicht vom Wasser dieses Brunnens spreche. »Das Wasser, das ich meine«, sagt er, »stillt deinen Durst für ewig. Es verwandelt sich in dir zu einer Quelle, die nie versiegt.« Worauf die Frau prompt herausplatzt: »Dann gib mir dieses Wasser, und ich kann mir in Zukunft die lästigen Gänge zum Brunnen sparen!«

Da wechselt Jesus das Thema. »Geh und hol deinen Mann«, sagt er. Jetzt kommt die Frau in Verlegenheit. »Ich habe keinen«, seufzt sie – in der Hoffnung, das Kapitel damit abzuschließen. Doch Jesus hakt nach. »Stimmt«, sagt er. »Fünf Männer hast du gehabt, aber alle sind weg. Und der, mit dem du jetzt zusammenlebst, ist nicht dein Mann.« Womit er ins Schwarze trifft. Allerdings sagt er es ohne die Spur eines Vorwurfs in der Stimme.

Mit anderen Worten: Diese Frau hat es in ihrem Leben bunt getrieben. Vielleicht ist sie keine Hure, aber mit Sicherheit ein Feger, womöglich ein Luder. Aber Jesus ist das egal. Vollkommen egal. Er ist kein Moralapostel, er pfeift auf bürgerlichen Anstand. Den Pharisäern schleudert er sogar den unerhörten Satz entgegen: »Die Huren kommen eher ins Gottesreich als ihr!« Kein Zweifel: Jesus hält es lieber mit Leuten wie dieser temperamentvollen, offenherzigen und wahrscheinlich ziemlich lebenslustigen Frau am Brunnen. So kommt es, dass auch sie es auf die Seiten der Bibel geschafft hat.

Maria auf der Hochzeit zu Kana

Setzen wir unsere Reihe über die Frauen des Neuen Testaments fort. Ist Ihnen schon aufgefallen, dass in den Evangelien immer da, wo es um neues Leben geht, die Männer ganz in den Hintergrund treten und Frauen im hellen Licht der Ereignisse stehen? Bei der Geburt Jesu rankt sich die ganze Erzählung um eine junge Frau aus Nazareth mit Namen Maria. Und bei der Auferstehung Jesu von den Toten begegnen wir am Ort des Geschehens wiederum ausschließlich Frauen. Ja, man kann diese Lebensspur in noch ganz andere Geschichten hinein verfolgen. Erinnern Sie sich an die Frau am Brunnen, die lebenslustige Samariterin? Ihre Unterhaltung mit Jesus drehte sich ums Wasser, das Urelement des Lebens. Und selbst auf der Hochzeit zu Kana ... Genau diese Geschichte will ich mir jetzt vornehmen.

Für ein Dorf wie Kana war es ein rauschendes Fest. Hinter dem Haus des Bräutigams waren Zelte aufgeschlagen, die die Menge der Gäste kaum fassten, und Jesus ging von einem zum anderen, umarmte Bekannte, trank mit jedem einen Schluck und fischte sich hier und da Fleischstücke aus den Schüsseln. Zu seiner Überraschung entdeckte er auch seine Mutter Maria unter den Gästen – er begrüßte sie, zog sich aber bald mit seinen Freunden zurück und feierte den ganzen Abend, bis Maria plötzlich wieder vor ihm stand.

»Der Wein droht auszugehen«, flüsterte sie ihm zu. Jesus wurde unwillig. »Was geht mich das an?«, gab er zurück. Aber Maria ließ sich nicht beirren – Mütter sind es gewöhnt, dass ihre Söhne erst einmal protestieren. An das Dienstpersonal gewandt, sagte sie deshalb: »Folgt den Anordnungen meines Sohns ...« Den Rest kennen Sie: Als guter Sohn nahm sich Jesus nun doch der Sache an und verwandelte Wasser in Wein, aber in solchen Mengen, dass es wochenlang gereicht hätte.

Wein: für die Bibel ebenfalls ein Element des Lebens. Wie viele biblische Geschichten, Verheißungen und Gleichnisse drehen sich um den Weinstock, den Weinberg! Aber anders als das Wasser steht der Wein für die Höhepunkte des Lebens, für Freude und Feiern, für das Leben als Fest – und letztenendes sogar für das Gottesreich, das sich Jesus als großes Festmahl vorstellte. Auf der Hochzeit zu Kana aber ist es Maria, die die Initiative ergreift. Die – wie Mütter so sind – keinen Mangel dulden will und damit für Fülle und Überfluss sorgt, als Vorgeschmack auf das Leben in der Herrlichkeit Gottes.

Johanna

Eine der Frauen im Neuen Testament nennt sich Johanna. Erstaunlich, dass wir ihren Namen kennen, denn sie selbst tritt nie in Erscheinung. Immerhin können wir uns eine Vorstellung von ihr machen, denn bei Lukas heißt es, sie sei die Ehefrau eines hohen Beamten am Hof von König Antipas gewesen. Der wiederum residierte in Tiberias am See Genezareth. Von dort war man mit dem Boot schnell in Kafarnaum, wo Jesus seinen Stützpunkt hatte, und wer weiß? – vielleicht haben sich die beiden irgendwann getroffen. Wäre ich ein Romanschriftsteller, würde ich mir folgende Szene ausdenken: Zwei Boote halten auf dem nächtlichen See aufeinander zu. Das eine ist ein einfaches Fischerboot; an Bord befinden sich Jesus sowie Petrus und Johannes, deren kräftige Arme die Ruder bedienen. Das andere ist eine verzierte Barke, die ebenfalls von zwei Rudern vorwärtsgetrieben wird; dort sitzt am Heck Johanna, in einen Umhang gehüllt, das Gesicht verschleiert. Vorsicht ist geboten – Antipas ist auf Jesus nicht gut zu sprechen, und Johanna hat viel zu verlieren.

In der Mitte des Sees treffen sich die beiden Boote, und Jesus geht an Bord der Barke, wo es zu einer langen Unterredung kommt. Worum es dabei geht? Johanna hatte von Jesus gehört. Zunächst Gerüchte, dann zuverlässige Berichte. Und irgendwann war ihre Neugier auf den Mann in Faszination und Begeisterung umgeschlagen. Alles an ihm schien ihr ungewöhnlich – was er sagte, was er tat, und nicht zuletzt, dass er keinen Unterschied zwischen Männern und Frauen machte. Er heilte Frauen genauso wie Männer, er sprach mit Frauen genauso wie mit Männern, er hatte sogar Frauen in seine Begleitung aufgenommen, wenn er über Land zog. Johanna fasste den Entschluss, diesen Jesus zu unterstützen. Wie? Mit ihm umherzuziehen kam für sie natürlich nicht in Betracht, aber – der Mann würde Geld brauchen. Genau darum geht es jetzt, bei dieser nächtlichen Unterhaltung. Johanna ist vermögend und bereit, Jesus einen Teil ihres Vermögens zukommen zu lassen. Und Jesus willigt ein ... Doch genug. Wir wissen nicht, ob es wirklich so war. Aber eins wissen wir: Es gab wohlhabenden Frauen, die das Projekt Jesu finanziell unterstützten, und Johanna war eine von ihnen. Ohne diese Frauen, das darf man wohl sagen, wäre es schwierig geworden.

Die Frauen blieben bis zuletzt

Nachdem Jesus gestorben ist, wenden die Evangelisten ihren Blick vom Kreuz ab und entdecken unter den Zuschauern jene Frauen, die schon in Galiläa dem Gefolge Jesu angehört haben. »Es waren dort viele Frauen, die von ferne zuschauten; sie waren Jesus von Galiläa gefolgt und hatten ihn unterstützt. Unter ihnen waren Maria aus Magdala und Maria, die Mutter des Jakobus und des Josef und die Mutter der Söhne des Zebedäus«, schreibt Matthäus (27, 55-56). Markus erwähnt noch eine Salome, und Johannes schreibt: »Beim Kreuz aber standen seine Mutter und die Schwester seiner Mutter, Maria, die Frau des Klopas, und Maria von Magdala.« (19, 25) Bei keiner anderen Gelegenheit erleben wir so viele Frauen beieinander, werden so viele Frauen auch namentlich erwähnt wie hier, auf Golgatha.

Wir dürfen diese Frauen als Jüngerinnen bezeichnen. Auch sie hätten es verdient, von Malern dargestellt zu werden. Sie hätten Jesus unterstützt, heißt es, und man darf sich wohl vorstellen, dass sie unterwegs Körbe geschleppt und Kleider gewaschen und Essen gekocht haben – die Gesellschaft, in der sich Jesus aufhielt, bestand jedenfalls nicht allein aus Männern. Und jetzt, wo sie nichts mehr für Jesus tun können, setzen sie sich wenigstens diesem Bild des Schreckens aus. Jesus wird sie vom Kreuz aus erblickt haben, und vielleicht waren die Frauen das Letzte, was er in diesem Leben sah – seine Jünger jedenfalls scheinen samt und sonders das Weite gesucht zu haben.

Eine der Frauen verdient besondere Beachtung, sie wird als einzige mehrfach genannt: Maria aus Magdala, einem Fischerort am Seeufer nahe Kafarnaum. Maria Magdalena. Sie scheint – wie die zwölf Jünger – zum festen Stamm der Mitarbeiter Jesu gehört zu haben. Nicht ausgeschlossen, dass sie seine treueste, seine hingebungsvollste, seine glühendste Anhängerin war, dass sie nicht mehr von seiner Seite gewichen ist, nachdem Jesus sie von ihrer Besessenheit geheilt hatte. Diese Maria Magdalena wird jedenfalls die erste sein, der sich Jesus nach seiner Auferstehung zeigt. Im Augenblick aber steht sie da, in einiger Entfernung vom Kreuz, und vermutlich zerreißt es ihr das Herz nicht weniger als seiner Mutter Maria.

Maria aus Magdala

Das Grab ist leer. Vor zwei Tagen hatte man den Leichnam Jesu hier abgelegt. Dann hatte das Paschafest jede Aktivität unterbunden, und nun ist Maria Magdalena mit Salben gekommen, um den kalten Leib ihres Rabbuni einzubalsamieren. Rabbuni hatte sie ihn genannt – das ist die Koseform von Rabbi und würde übersetzt wohl »mein kleiner Lehrer« lauten. Wir ahnen: Das durfte nicht jeder, Jesus in so vertraulicher Weise anreden. Aber jetzt erstarrt Maria vor Schreck – das Grab ist leer! Sie läuft in die Stadt, sie berichtet den Jüngern, sie kehrt zurück und bricht weinend vor der offenen Grabhöhle zusammen. Da erblickt sie zwei Engel auf der Bank aus Felsgestein, auf der Jesus gelegen hatte. »Warum weinst du?«, fragt einer der beiden. Und als wären Engel kein Grund, den nächsten Schreck zu kriegen, antwortet sie mit rührender Offenheit: »Weil sie meinen Herrn weggeschafft haben und ich nicht weiß, wo er ist.« Dann wendet sie sich ab, als wäre von diesen Engeln nichts weiter zu erwarten, und sieht durch den Tränenvorhang vor ihren Augen eine Gestalt neben sich, keine drei Schritte entfernt. Einen Mann. »Warum weinst du?«, fragt auch er, und: »Wen suchst du?« Der Gärtner, denkt sie in ihrem aufgelösten Zustand, und froh, dass ihr zufällig genau der richtige über den Weg läuft, sprudelt sie los: »Herr, wenn du den Leichnam aus diesem Grab verlegt hast, dann sag mir, wohin. Ich will ihn zurückholen.« Da spricht der Mann ihren Namen aus. »Maria«, sagt er, weiter nichts, aber sie erkennt die Stimme. Sie blickt auf. Und er ist es: Jesus. Da schreit sie auf. »Rabbuni!«, ruft sie und will sich ihm zu Füßen werfen, will ihn umklammern und festhalten, doch Jesus tritt zurück. Sehen darf sie ihn, sogar als erste, vor allen anderen Jüngern, aber berühren nicht mehr. »Lauf in die Stadt und berichte«, sagt er zu ihr, und Maria läuft los. Atemlos und lachend verkündet sie: »Ich habe den Herrn gesehen!«

Erlauben Sie mir, zu Ostern einmal nicht den Auferstandenen in den Mittelpunkt zu rücken, sondern Maria Magdalena. Denn ihr verdanken wir eine der schönsten und anrührendsten Szenen der ganzen Bibel. Schön und anrührend, weil mit inniger Liebe getränkt.

Die schlagfertige Phönizierin

Zu den Frauen des Neuen Testaments, für die ich eine besondere Sympathie empfinde, gehört eine Ausländerin. Jesus begegnete ihr, als er zum einzigen Mal jüdischen Boden verließ und sich nach Phönizien zurückzog. Diese Frau gehörte also einem der berühmtesten Völker der Antike an – dem großen Seefahrervolk der Phönizier. Und es sieht ganz so aus, als habe sie Jesus zum Lachen gebracht. Nicht, dass Jesus nie gelacht hätte – das kann ich mir einfach nicht vorstellen –, doch mit dem Lachen in der Bibel ist es so eine Sache: Man liest wenig darüber. In der Geschichte, die ich erzählen will, hört man ihn aber förmlich auflachen, wenn man nicht nur mit den Augen liest, sondern auch aufmerksam hineinhorcht.

Jesus kommt also abends abgespannt von der langen Wanderung in eine Herberge, will wahrscheinlich nichts als seine Ruhe, und da drängt sich diese Frau zwischen den Jüngern hindurch und wirft sich ihm vor die Füße. Ihre Tochter sei krank, sagt sie, er solle sofort mitkommen. Irgendetwas muss an Jesus sein, das sie davon überzeugt: Der Mann kann mir helfen. Doch Jesus weigert sich. Vielleicht bittet er sogar seine Jünger, sie ihm vom Hals zu halten. Nur – so leicht ist sie nicht zu vertreiben. Sie wehrt sich, sie lässt nicht locker, sie bittet und bettelt. Da wendet sich Jesus ihr zu, und es ist nicht sehr charmant, was er nun sagt: »Zuerst müssen die Kinder satt werden. Es gehört sich nicht, den Kindern das Brot wegzunehmen und die Hündchen damit zu füttern.« Die Kinder, das ist sein eigenes Volk. Die Hündchen, das sind Ausländer wie diese Frau. Und wie reagiert sie? »Ja, Herr, aber die Hündchen essen die Krümel, die die Kinder unter den Tisch fallen lassen.« Das sitzt. Und Jesus lacht – ich höre es ganz deutlich –, lacht über so viel Schlagfertigkeit. »Du hast gewonnen«, sagt er. »Geh jetzt nach Hause, deine Tochter ist schon auf dem Weg der Besserung.«

Vielleicht hat Jesus in diesem Moment auch über sich gelacht. Denn kurz zuvor noch hatte er seinen Jüngern erklärt: »Wenn ihr Gott um etwas bittet, dann gebt nicht auf! Seid hartnäckig! Lasst euch nicht abwimmeln, macht solange weiter, bis Gott euch erhört!« Und nun diese Frau, der man das nicht erst zu erklären braucht …

Ein Streit unter Schwestern

Jetzt möchte ich Ihnen jene zwei Frauen vorstellen, die den Evangelisten den meisten Erzählstoff geliefert haben. Sie sind die prominentesten Frauen der Evangelien, nämlich die Schwestern Martha und Maria. Gemeinsam mit ihrem Bruder Lazarus bewohnten sie eine Villa in Bethanien – heute fast ein Vorort von Jerusalem, seinerzeit ein Dorf, das von Jerusalem durch den Ölberg getrennt war. Sie gehörten also keineswegs zu jener Schar armer Witwen und ehemaliger Huren, die Jesus auf seinen Streifzügen über Land begleiteten – nein: Man muss sich die beiden als vornehme Frauen vorstellen, wohlhabend genug, sich neben ihrem Haus in Bethanien noch einen hübschen Landsitz im Jordantal leisten zu können. Es ist wohl nicht falsch, sie der High Society zuzurechnen, und staunend nehmen wir zur Kenntnis: Jesus bewegte sich nicht nur unter Fischern, auch die bessere Gesellschaft öffnete ihm ihre Türen. In diesem Fall war es so, dass Jesus auf die Gastfreundschaft von Martha und Maria zählen durfte. Ihre Häuser im Jordantal und in Bethanien standen ihm und seinen Jüngern jederzeit offen, und Jesus machte von diesem Angebot offenbar gern Gebrauch. Martha und Maria passen damit gut in das Bild, das das Neue Testament überhaupt von Frauen zeichnet: Während sich die Männer über religiöse Streitfragen ereifern, packen die Frauen zu. Wie gesagt – ohne die Frauen hätte es Jesus schwer gehabt.

Allerdings – Maria war anders. Als nämlich Jesus eines Tages im Landhaus der beiden zu Besuch war, packte sie keineswegs zu. Da war eine Menge Gäste zu versorgen – außer den Jüngern auch zahlreiche Nachbarn, die Jesus unbedingt erleben wollten –, und Maria saß unter den Zuhörern, während Martha mit anderen Frauen in der Küche schuftete. Da wurde es Martha zu bunt. Sie unterbrach Jesus und schimpfte: »Herr, wir haben alle Hände voll zu tun. Sag Maria, sie soll augenblicklich in der Küche erscheinen!« Und Jesus? Er schlug sich auf die Seite von Maria. Zwar erkannte er die Mühe, die sich Martha machte, dankbar an. »Aber«, sagte er, »ich kann Maria unmöglich dafür tadeln, dass ihr die Wahrheit über alles geht.« Für Jesus gehörten Frauen eben nicht nur in die Küche.

Jesus hält es mit den Leidenschaftlichen

Jetzt wechseln wir den Schauplatz – diesmal spielt die Geschichte im Wohnsitz der beiden Schwestern in Bethanien. Jesus ist mit seinen Jüngern eingetroffen, das Haus ist voll, und höchstwahrscheinlich wird wieder viel gekocht. Jedenfalls erleben wir nun alle beim Abendessen, gemütlich ausgestreckt auf bequemen Polstern. Nach römischer Sitte nimmt man die Mahlzeit im Liegen ein, und natürlich geht es in einem so vornehmen Haus wie dem der beiden Schwestern nach römischer Sitte zu.

Jesus hat nur noch wenige Tage zu leben. Er weiß das. Und anscheinend gibt es in diesem Haus noch jemanden, der es weiß. Während des Essens nämlich verschwindet Maria kurz und kommt mit einem Glasfläschchen zurück. Als sie den Stopfen entfernt, entströmt ihm ein Duft, der alle erstarren lässt: Es enthält Nardenöl, unendlich kostbares Nardenöl. Und was macht Maria damit? Sie gießt den Inhalt über Jesu Kopf aus und salbt ihn damit, sodass sich das ganze Haus mit dem betörenden Duft füllt. Sie massiert ihm damit den Kopf, vielleicht auch Gesicht, Hals und Schultern, als Ausdruck ihrer grenzenlosen Verehrung und Liebe zu ihm. 300 Denare muss dieses Fläschchen gekostet haben, so kalkulieren die Jünger im Stillen, also ein kleines Vermögen, und nach der ersten Verblüffung machen sie ihrem Unmut Luft. »Was für eine Verschwendung!«, protestieren sie. »Wie viele Bedürftige hätte man für 300 Denare satt bekommen!«

Die Stimme der Vernunft. Wieder einmal. Im Landhaus hatte diese Stimme Martha gehört, die ja zu recht verlangt hatte, Maria solle in der Küche mithelfen. Diesmal gehört sie den Jüngern, die mit ihrem Einwand ebenfalls recht haben. Alles verständlich. Aber Maria ist nicht vernünftig. Sie schert immer wieder aus der Front der Vernünftigen aus. Maria ist ganz Liebe, ganz Hingabe, ganz Leidenschaft – also ein Skandal. Ein Ärgernis für alle Vernünftigen. Zu denen Jesus offenbar nicht gehört. Erneut nimmt er Maria in Schutz: »Lasst sie«, fährt er dazwischen, »denn die Armen habt ihr allezeit um euch, mich aber nicht. Maria hat meinen Leib im voraus zum Begräbnis gesalbt.« Was kann das anderes heißen, als dass Jesus es mit den Liebenden, Hingebungsvollen, Leidenschaftlichen hält?

Die Mutter der Donnersöhne

Die letzte »neutestamentliche« Frau, die ich hier vorstellen möchte, wird nicht mit Namen erwähnt, aber wir kennen ihre Verhältnisse gut. Sie ist die Mutter der Jünger Jakobus und Johannes. Bis Jesus die Familie durcheinanderwirbelte, hatte sie in Kafarnaum gelebt, wo Vater Zebedäus einen Fischereibetrieb leitete. Vermutlich ging es ihnen nicht schlecht, denn Trockenfisch vom See Gennesaret war auch im Ausland beliebt und landete sogar auf römischen Tafeln; die Fischerei war also ein einträgliches Geschäft, und vermutlich besaß die Firma Zebedäus mehrere Boote. Als Jesus dem Vater seine beiden Söhne entführte, dürfte der nicht erfreut gewesen sein. Ich kann mir vorstellen, dass es darüber zum Familienstreit kam, bei dem sich die Mutter auf die Seite ihrer Söhne Jakobus und Johannes schlug; jedenfalls begleitete sie später die beiden, wenn sie mit Jesus umherzogen.

Diese Söhne nahmen im Kreis der Jünger von Anfang an eine Sonderstellung ein. Jesus nannte sie die »Donnersöhne«, wohl wegen ihres hitzigen Temperaments und ihres Selbstbewusstseins. Neben Petrus waren sie seine wichtigsten Mitarbeiter. Und ihre Mutter muss mächtig stolz auf die beiden gewesen sein. So stolz, dass sie ihretwegen einen kleinen Skandal im Jüngerkreis erregte.

Eines Tages wandte sie sich nämlich an Jesus mit der Bitte, ihren Söhnen einen Ehrenplatz im Gottesreich zu reservieren. Er solle ihnen doch erlauben, rechts und links von seinem Thron sitzen zu dürfen. Das gab einen ziemlichen Ärger. Die anderen Jünger fanden es eine Unverschämtheit, sie protestierten. Ich muss schmunzeln, wenn ich diese Geschichte lese. Sie ist so lebensnah. Wer kennt sie nicht, die Mütter, die davon träumen, dass ihre Söhne groß herauskommen und Karriere machen, und sich mit Zähnen und Klauen dafür einsetzen? Es gab sie damals schon, es gab sie wohl immer. Und wie reagierte Jesus? Überraschend milde. »Es ist die Sache meines Vaters, solche Dinge zu entscheiden«, sagte er. »Mir steht das nicht zu.« Also keine Zurechtweisung wegen Vorwitzigkeit. Als würde Jesus die Mütter kennen. Als hätte auch er schmunzeln müssen.

Maria und der Engel

Gottesmutter wurde sie später genannt – und als Madonna, als unsere liebe Frau oder als Jungfrau Maria mehr als jede andere Frau der Bibel geliebt und verehrt: Maria, die Mutter Jesu.

Lukas erzählt uns ihre Geschichte: Es ist die Geschichte einer jungen Frau, die dem Sohn Gottes das Leben schenkt. Für sich genommen wäre das schon sensationell genug. Aber außer der Geburt im Stall von Bethlehem hat diese Geschichte einen weiteren, bewegenden Höhepunkt. Ihrer Schwangerschaft geht nämlich eine Diskussion mit Gott voraus. Lukas kleidet dieses Gespräch in einen Wortwechsel mit dem Erzengel Gabriel, und da erleben wir Maria wirklich aus nächster Nähe.

»Sei gegrüßt, du Gesegnete, der Herr ist mit dir«, so lauten die ersten Worte des Engels. Und Maria ist irritiert. Nicht, weil sie das Auftauchen des Engels aus der Fassung bringen würde, aber für das einfache Mädchen vom Land klingt diese Anrede einfach zu pompös. Doch bevor sie antworten kann, fährt der Engel fort und kündigt ihr an, dass sie schwanger werden und einen Jungen zur Welt bringen wird. Aber nicht irgendeinen. Sondern den Sohn des Höchsten.

Das verstört Maria nun doch. Sie ist zwar verlobt, mit einem Handwerker aus demselben Dorf, aber der hat sich bislang von ihr ferngehalten. Hier muss ein Versehen vorliegen, denkt sie – schon die Anrede hatte ja ihren Verdacht geweckt, der Engel müsse sich in der Adresse geirrt haben. Sie macht ihn also höflich auf seinen Fehler aufmerksam: »Wie soll das gehen?«, entgegnet sie. »Kein Mann hat mich je berührt!« Worauf der Engel ihren Einwand mit der ungeheuerlichen Auskunft vom Tisch wischt, dass Gott selbst der Vater sein wird.

Was mag Maria alles durch den Kopf gegangen sein! Kein irdischer Vater? Und das auf dem Land, wo die Sitten besonders streng sind? Es wird Ärger geben. Es wird einen Skandal geben, der ihr Leben ruinieren kann. Ihr Kind – der Sohn Gottes? Sie hat keine Ahnung, was das bedeutet und worauf sie sich da einlassen soll. Vernünftig wäre es, Nein zu sagen. Nein danke, zu riskant. Stattdessen sagt sie Ja. Ja zu diesem Kind und Ja zu Gott. Weil sie Gott mehr traut als allen vernünftigen Bedenken. Und siehe da: Es gibt keinen Skandal. Maria bringt ihren Sohn gegen alle Widrigkeiten und Widerstände zur Welt. Gewiss, es war der Wille Gottes. Aber es war auch ihre Entscheidung. Mit ihrem Gottvertrauen beginnt die Geschichte des Christentums. Welchen Grund gäbe es da, Maria nicht zu verehren?

Was ich im Gesicht der Madonna lese

In Martin Luthers Haus in Wittenberg befand sich ein Madonnenbild. Hatte seine Frau Katharina es da aufgestellt? Ich weiß es nicht; aber die Jungfrau Maria war auch Luther selbst wert und teuer. *Sie* wollte er jedenfalls nicht abschaffen. Auch für ihn wird sie die Gnade Gottes verkörpert haben, und, wer weiß – vielleicht obendrein auch die Schönheit Gottes.

Die Gnade – sie ist bei Maria wohl besser aufgehoben als bei den männlichen Heiligen. Bei Maria kann man sich vorstellen, dass sie einen jeden gelten lässt, egal wie klein und wertlos er sich selbst vorkommen mag. Und das ist doch sehr beruhigend, das ist eine Wohltat für die geängstigte Seele: dass es da eine gibt, die nicht lange nach meinen Verdiensten fragt. Unter deren weitem Mantel ich mich jederzeit verkriechen darf, wenn die Welt gerade mal wieder auf mich einhackt. Wir alle sind auf die Gnade angewiesen, und die Jungfrau Maria leiht dieser Gnade ihr Gesicht, ihre Gestalt, ihr Lächeln.

Doch auch ihre Schönheit ist wichtig. In ihrer Schönheit spiegelt sich die Schönheit des himmlischen Paradieses. Wer sie ansieht, soll denken: Das Jenseits muss schön sein – so schön wie die Madonna. Auch deshalb war sie stets ein Lieblingsmotiv der Maler. Ihrem Sohn konnten sie die urmenschliche Erfahrung von Schmerz und Leid ins Antlitz malen, wenn sie ihn als Gekreuzigten darstellten. Maria aber konnten sie die urmenschliche Sehnsucht nach

Reinheit und vollkommener Schönheit ins Gesicht malen, wenn sie die Jungfrau mit dem Jesuskind auf dem Arm abbildeten.

Es ist eine unberührte Schönheit. Und alles Unberührte rührt uns an – die unberührte Natur einer einsamen Insel zum Beispiel, die noch ganz den Vorstellungen ihres göttlichen Schöpfers entspricht. Kein Mensch hat dort bisher seine zerstörerische Spur hinterlassen, alles trägt noch den Charakter des Reinen und Unverfälschten. Und genauso haben die Maler auch Maria gesehen: mit den klaren Zügen reiner, unverfälschter Menschlichkeit in ihrem Gesicht. Die einzige Spur, die sich dort findet, ist die ihrer Begegnung mit dem Engel, ihrer Begegnung mit Gott. Und deshalb ist mir auch ihre Schönheit wichtig.

Glück und Unglück

Die Säulen des Glücks

Was ist Glück? Wenn ich ein Bild dafür suche, fallen mir gleich die Spatzen ein. Sie sind meine Lieblingsvögel. Wenn ich als Kind krank war und traurig am Fenster stand, habe ich sie beobachtet, wie sie alle gleichzeitig heranschwirrten und sich gegenseitig das Futter aus den Schnäbeln rissen. Frech, vorlaut, quirlig, lebendig. Für mich war diese putzmuntere Gesellschaft der Inbegriff des Glücks, der unverstellten Lebensfreude. Wenn ich ihnen zusah, erfuhr ich die Leichtigkeit des Lebens ganz intensiv. Hatte Jesus nicht ein ähnliches Bild vom Glück im Sinn, als er sagte: »Sorgt euch nicht, was ihr morgen anziehen und was ihr morgen essen werdet. Betrachtet die Lilien des Feldes und die Vögel des Himmels. Gott kümmert sich um sie alle, nicht einmal einen Spatzen übersieht er.«

Aber Spatzen sind für mich auch ein Sinnbild für die Flüchtigkeit des Glücks. So scheu sind sie, so leicht aufzuschrecken und so wehrlos. Wehrlos wie das Glück, das so leicht in die Brüche geht. Deshalb lohnt es sich, darüber nachzudenken, wie man das Glück festhalten kann. Oder sollte man besser sagen: wie man selbst für das Glück so anziehend werden kann, dass es ganz von allein angeflogen kommt?

Das Sicherste, was man über das Glück sagen kann, ist: Es gibt kein Glück, das gegen jemanden gerichtet ist. Wer glaubt, zu seinem eigenen Glück andere fertigmachen zu müssen, der ist in Wirklichkeit grundunglücklich und wird es bleiben. Denn Glück ist immer Beziehung, Nähe, Verbundenheit. Ich selbst bin dann am glücklichsten, wenn ich Menschen froh machen kann. Allerdings hat das Glück auch einen Haken: Man muss immer etwas dafür tun, aber erarbeiten kann man es sich nicht. Das ist wie beim Bergsteigen. Nach einem anstrengenden Aufstieg vom Gipfel aus das grandiose Bergpanorama zu genießen, das ist sicherlich ein Glücksmoment. Aber es ist ein geschenktes Glück. Ein Geschenk, für das ich eine Anstrengung in Kauf nehmen musste. In jedem Fall ist Glück nie bloßer Zufall. Es gibt keinen Fahrstuhl ins Glück. Meistens muss man Treppen steigen. Und dabei wissen, dass man es nicht erzwingen kann. Nur herbeilocken.

Und wie lockt man das Glück nun an? Durch Tugenden, in die wir uns einüben und in denen wir immer besser werden können. Denn glücklich werden wir nur, wenn wir selbst ein Glück für andere sind. Auf fünf dieser Glück verheißenden Tugenden will ich kurz eingehen.

Gerechtigkeit, so heißt die erste. Also dem anderen zugestehen, worauf man selbst Anspruch erhebt. Auch der forscheste Individualist möchte nicht ständig den Ellbogen seines Nebenmanns in den Rippen haben. Der Mensch kann sich nun einmal nicht im Alleingang verwirklichen, er braucht die anderen, und die anderen brauchen ihn. Unseren Mitmenschen gerecht werden, das heißt aber nicht: Jeden gleich behandeln. Es heißt: Jeden für gleich wertvoll halten.

Vor allem für die Mächtigen, für die ganz oben, ist der Alleingang eine große Versuchung. Ein warnendes Beispiel sind jene Manager, die keine Scham mehr kennen, die große Unternehmen gegen die Wand fahren und dann noch zig-Millionen abkassieren. Wer das Schiff versenkt und eine Belohnung dafür erwartet, verstößt fundamental gegen die Gerechtigkeit. Zur Gerechtigkeit gehört allerdings auch die Barmherzigkeit, das Verzeihen. Nichts sonst verändert das Gesicht der Welt so sehr zum Glücklichen hin. Denn wer vergibt, der wird frei aus der Verstrickung in die Vergangenheit, der löst sich von einer Last und ermöglicht einen neuen Anfang.

Die zweite Tugend ist die Klugheit. Klugheit ist zum Guten gewendetes Wissen. Abwägen können ist Klugheit. Wie weit darf ich gehen? Soll ich, in der Erziehung etwa, meinen Kindern alle Wünsche erfüllen? Wenn ich klug bin, trage ich zu ihrem Glück genauso wie zu meinem bei. Cleverness hingegen ist das Gegenteil von Klugheit. Die Cleverness bedenkt nicht die Folgen für andere, sie hat nur den eigenen Vorteil im Sinn. Die Klugheit kann die eigenen Interessen auch hintanstellen – und uns dahin bringen, uns selbst nicht mehr so wichtig zu nehmen.

Drittens der Mut. Er ist selten geworden. Immer schön vorsichtig, so heißt die Parole. Alles durchorganisieren, bloß keine Überraschungen erleben. Natürlich gibt es immer tausend Gründe, den Mund zu halten. Aber Ängstlichkeit ist kein Baustein zum Glück. Da lobe ich mir die Elfjährige, die (es ist schon Jahre her) von ihrem Lehrer geohrfeigt wurde und hinterher zu ihm sagte: »So, geht's Ihnen jetzt besser?« Dem Mädchen wird es bestimmt besser gegangen sein. Denn die Angst vor der Autorität, der Mehrheit, der Masse überwinden, das macht frei. Frei und glücklich.

Dann das rechte Maß halten. Das heißt: sich beschränken können. Sich mit dem zufrieden geben, was man wirklich braucht. Wer in sein Leben ein Maximum an Genüssen und Erlebnissen hineinpresst, ist in Wirklichkeit von Todesangst getrieben. Das ist kein Glücksrezept. Schon deshalb nicht, weil Gier unfrei macht. Gier hat nur sich selbst im Blick und ist gebunden an das entfesselte Ego. Maßhalten bedeutet also, frei zu werden von der Gier. Diese erfüllte Freiheit allein ist schon ein Glück. Wenn ich damit aber frei werde, Gutes zu tun, ist es ein doppeltes Glück.

Die fünfte und letzte Tugend ist die Liebe. Das Abenteuer der Liebe ist Hingabe, ein Sich-Vergessen und Sich-Schenken, das ist Öffnung zum anderen. Das Verrückte ist: Wer sich in der Liebe vergisst, der spürt sich gerade deshalb intensiver, der erfährt dadurch, wer er sein könnte. Sich loslassen und sich finden, das klingt nach einem Widerspruch, doch in der Liebe fällt beides zusammen. Die Liebe ist darum die Grundlage aller Tugenden und die Voraussetzung für ein gelungenes Leben.

Ob meine Glücksvögel, die Spatzen, dies alles wissen? Wahrscheinlich nicht. Sie sind einfach, wie sie sind, und gerade deshalb der Inbegriff des selbstvergessenen, erfüllten Lebens für mich. Manchmal, wenn ich sie vor meinem Fenster in Rom krakeelen höre, zwitschere ich mit, sobald sie eine Pause machen. Dann antworten sie mir – und ich bin glücklich.

Augen haben für Bilder des Glücks

Bilder des Glücks entdecken. Bilder des Glücks und der Schönheit in der alltäglichen Welt, die uns so altbekannt vorkommt. Werfen wir einen Blick an den Nachthimmel – immer derselbe Mond, immer dasselbe Sternengewimmel. Und dann betrachten wir denselben Nachthimmel durch ein Teleskop: Ein Freudenschauer durchrieselt die Seele. Groß und farbenprächtig kreisen Planeten vor unseren Augen. Feurige Nebel heben sich glutrot vom schwarzen Grund des Weltalls ab. Goldene Kugeln pulsieren Tausende von Lichtjahren entfernt. Und wir vergessen uns. Sind ganz Auge und Staunen. Sind bloß durchs Schauen, durchs Zuschauen an diesem grandiosen Schauspiel beteiligt. Es läuft ohne unser Zutun ab. Trotzdem fühlen wir uns einbezogen in diese den Atem raubende Wunderwelt. Und spüren: Es ist unsere Welt. Es ist meine Welt.

Wir brauchen kein Teleskop, um täglich neue Bilder des Glücks und der Schönheit zu entdecken. Unsere alltägliche Welt ist voll davon. Was wir brauchen, sind andere Augen. Unbefangene, offene Augen – Augen, die nicht getrübt sind von dem, was wir uns in den Kopf gesetzt haben, was wir unbedingt erreichen oder unbedingt vermeiden wollen. Was wir brauchen, das sind Augen, die wach und neugierig umherschweifen. Dann sehen wir Bilder wie jenes, das mir dieser Tage in Rom begegnete.

Ich ging los, um Tintenpatronen für meinen Drucker zu kaufen. Da fiel mir auf einer Bank am Straßenrand eine indische Mutter auf, die ihr Baby stillte. Ganz liebevoll hielt sie den Winzling an die Brust, und der Papa saß freudestrahlend dabei. Ein unscheinbares Bild im Straßengewühl der italienischen Hauptstadt, und gleichzeitig ein kleines Universum des Glücks.

Ich blieb kurz stehen. Ein Gefühl der Dankbarkeit überkam mich. Unbeteiligt war ich an ihrem Glück doch beteiligt und wusste auf einmal wieder: Unsere Welt besteht aus vielen solcher kleinen Wunder – nur brauchen wir Augen dafür, die wirklich sehen, und Ohren, die wirklich hören. Wie sagt der Dichter des 19. Psalms? »Die Himmel erzählen die Ehre Gottes, und die Erde verkündet seiner Hände Werk.« Lauschen wir dem, was der Himmel erzählt. Schauen wir hin, wenn die Erde die Werke Gottes verkündet. Geben wir dem Leben eine Chance, uns zu beglücken.

Pilger laufen nicht ins Blaue

Meine ersten Pilgererfahrungen habe ich mit 16 Jahren auf der Landstraße von München nach Altötting gesammelt. Mit etwa 100 jungen Leuten zogen wir am Rand der Landstraße dahin, ein Kaplan vorweg, und solange wir liefen, wurde fast ohne Unterlass gebetet und gesungen. Sie mögen über so viel frommen Eifer lächeln, aber unsere Wallfahrten waren Demonstrationen unseres Glaubens, und dass dieser Glaube eine fröhliche Angelegenheit war, durfte jeder mitbekommen.

Die Zeiten haben sich geändert. Heutige Pilger bieten ein anderes Bild, wenn sie, still für sich oder in kleinen Gruppen, mit ihren Hightechschuhen und Spezialrucksäcken auf einer der alten Pilgerrouten unterwegs sind. Aber – die beglückenden Erfahrungen, die man als Pilger macht, sind die gleichen geblieben. Allein schon, wie gelassen man mit einem Mal wird, mit wie viel Humor man alle Widrigkeiten auf die leichte Schulter nimmt, die schmerzenden Füße, die patschnassen Socken nach einem ergiebigen Schauer – als Pilger geht es einem eben doch um etwas anderes, etwas Höheres und Ernsteres. Dann das Erlebnis der Gastfreundschaft, ob man nun bei Privatleuten oder in einer Pilgerherberge unterkommt. Wie gern erinnere ich mich an jene alte Dame auf halbem Weg zwischen München und Altötting, die mich mit Franzbranntwein und Heftpflaster und einem guten Essen erwartete. Sie ließ es sich nicht nehmen, meine geschundenen Füße eigenhändig einzureiben, so besorgt war sie um mich. Und schließlich das Gemeinschaftserlebnis, die Begegnungen mit anderen Pilgern, mit denen man sich für ein paar Tage zusammentut, miteinander läuft, miteinander Rast macht und abends in einer Runde beisammensitzt – wann erlebt man sonst noch diesen ursprünglichen menschlichen Zusammenhalt, diese selbstverständliche Solidarität?

Das Wichtigste aber: Jeder, der pilgert, hat einen guten Grund dafür. Der möchte nicht nur schöne Landschaften genießen. Der verspricht sich von seiner Pilgerreise etwas, das ihn in der Seele berührt, möglichst tief, möglichst nachhaltig. Der möchte als Verwandelter zurückkommen, mit neu erwachtem Vertrauen zum Leben und zu den Mitmenschen vielleicht, mit wiedergefundenem Selbstvertrauen womöglich. Deshalb laufen Pilger nicht ins Blaue hinein. Deshalb laufen sie auf Wegen, die von vielen anderen vor ihnen beschritten wurden – immer in der Hoffnung, das wahre Leben zu finden. Auf einem Pilgerweg reiht man sich gewissermaßen in einen unsichtbaren Strom von Menschen ein, die alle von derselben Sehnsucht, derselben Hoffnung beflügelt waren wie wir. Und vielleicht geht mit jedem Schritt auf diesen Wegen auch etwas von der Zuversicht dieser Menschen auf uns über – der Zuversicht, am Ende dieses Weges zu finden, was man im Alltag vergeblich gesucht hat.

Vorfreude

Wann haben Sie sich das letzte Mal richtig gefreut? Nicht Spaß gehabt, meine ich, sondern echte Freude erlebt? Dieses tiefe Glücksgefühl, das einem ein Strahlen ins Gesicht zaubert, das einen berauscht, sodass man den Nächstbesten umarmen möchte, die ganze Welt am liebsten? Das sich in Lachen und Jubelrufen Luft machen muss, vielleicht auch in Weinen und Freudentränen? Gut, dass es den Fußball gibt, denn wenn man sich sonst so umschaut ... Wirken die meisten Gesichter nicht freudlos? So als hätten ihre Besitzer schon lange nicht mehr befreit aufgelacht, geschweige jemanden vor Freude umarmt? Beim Fußball erlebt man sie noch, die strahlenden Gesichter, die Jubelrufe, die spontanen Umarmungen, die Freudenausbrüche. Was gibt es Schöneres? Im Augenblick der Freude verwandelt sich die Welt urplötzlich in ein Paradies. Ewig möchte man dann leben, wenn es nur ewig so bliebe ...

Es gibt aber noch eine andere als die große, laute Freude. Die stille Freude. Die Vorfreude. Das Gefühl, es kaum noch erwarten zu können. Die herzzerreißende Freude des Geliebten auf seine Geliebte. Die bange Freude der alten Frau auf den Besuch ihres Sohnes. Die ungeduldige Freude eines Kindes auf ein versprochenes Geschenk. Es ist eine aussterbende Freude, befürchte ich. Denn in einer Welt, die einen mit Angeboten überhäuft, wo hinter jeder Ecke die Gelegenheit lauert und alle Wünsche im Handumdrehen erfüllbar sind, vergeht einem die Vorfreude nach und nach, sie erlischt wie eine Kerze und flackert nie mehr auf. Nur bei alten Menschen, bei Bedürftigen und Hilflosen findet die Vorfreude noch einen Zufluchtsort. Bevor die Vorfreude in uns aufsteigt, müssen wir etwas vermissen, furchtbar vermissen. Darum verwandeln wir uns in der Adventszeit in Hilflose und Bedürftige. In Menschen, denen bewusst wird, wie viel ihnen in Wirklichkeit zum Glücklichsein fehlt. Und die deshalb mit wachsender Vorfreude im Herzen Weihnachten herbeisehnen, den Tag, an dem mit Jesus Christus die Liebe, die Nächstenliebe und die Feindesliebe, in die Welt kam. Denn darum geht es im Advent: um die Vorfreude auf den, der die Versöhnung, die Barmherzigkeit und die Liebe ist.

Allein im finsteren Tal?

Was wünschen wir uns mehr, als dass uns die Sonne unseres Glücks täglich scheint? Was ist menschlicher, als mit jeder Faser unseres klopfenden Herzens am Leben zu hängen und zu hoffen, dass wir von allem Unglück verschont bleiben, dass wir mit heiler Haut und heiler Seele davonkommen, bis eines Tages auch uns die Stunde schlägt? Liebe, Glück und Wohlergehen – mit beiden Händen möchten wir sie festhalten und nicht mehr hergeben. Und dabei wissen wir: Es gibt keine Garantie. Es gibt nicht einmal einen Anspruch auf Glück. Wir leben immer auf Messers Schneide. Jeder Gang über einen Friedhof, jede Nachricht von einem Flugzeugabsturz, einer Hungersnot, einem Völkermord, einem Autounfall belehrt uns: Morgen schon kann es zu Ende sein. Wir leben in einer unberechenbaren Welt. Und wenn wir Realisten wären, müssten wir in ständiger Angst leben. In ständiger Angst vor dem Schicksalsschlag, den niemand vorhersehen kann, gegen den wir uns auch nicht schützen können.

Aber wir sind keine Realisten. Wir sind Kinder der Hoffnung. Wir leben alle in dem festen Glauben, dass Gott uns nicht fallen lässt. Ob wir gläubige Menschen sind oder nicht, wir alle schöpfen unsere Lebenskraft und unseren Lebensmut aus der Überzeugung, dass wir geborgen sind in der Liebe dessen, der uns dieses Leben geschenkt hat. Und im Grunde spricht der Dichter des 23. Psalms uns allen, ob gläubig oder nicht, aus der Seele, wenn er sagt: »Der

Herr ist mein Hirte, mir wird nichts mangeln. Er weidet mich auf einer grünen Aue und führt mich zum frischen Wasser ... Und ob ich schon wanderte im finsteren Tal, fürchte ich kein Unglück; denn du bist bei mir.« So lautet unser aller Glaubensbekenntnis. Wäre es anders, würden wir vor Angst vergehen.

Aber – ist das nicht verrückt? Widerspricht das nicht aller Erfahrung? Ist das nicht geradezu ein Hohn angesichts der alltäglichen Schrecken? Muss einem der 23. Psalm mit seiner fröhlichen Zuversicht nicht im Halse stecken bleiben, wenn man zum Beispiel erfährt, was die Witwe des Fußballspielers Robert Enke durchgemacht hat: Nicht genug damit, dass ihr Kind gestorben ist, dass sich ihr Mann das Leben genommen hat, musste sie auch mit dem Tod ihres Bruders fertig werden, der gerade einmal 43 Jahre alt geworden ist. Wer will da noch von Geborgenheit sprechen? Sollte uns so viel Unglück nicht doch zum Realismus derer bekehren, die sagen: Lasst uns der Wirklichkeit ins Auge sehen – es gibt keinen Gott. Da ist keiner, auf den wir unsere Zuversicht setzen dürfen. Wir sind allein in diesem finsteren Tal, und wir haben allen Grund, das Unglück zu fürchten ...

Ich verstehe jeden, der in einer solchen Situation so reagiert. Ich finde sogar, dass sich die leidende Seele in Verzweiflungsschreien entladen darf, dass sich Wut, Schmerz und Trauer in lauter Klage und Anklage Bahn brechen dürfen. Nicht anders haben es die Propheten und Psalmdichter des Alten Testaments gemacht, wenn sie vor Not und Verzweiflung nicht mehr aus noch ein wussten; dann haben sie mit Gott schier die Geduld verloren und ihn regelrecht angebrüllt und gesagt. »Wo steckst du? Wo bleibst du? Wo bist du bloß mit deinen Gedanken? Wach endlich auf! Sieh dir an, wie dreckig es uns geht! Hilf uns! Und beeil dich, verlier keine Zeit!« Und Hiob ist in seiner Ungeduld mit Gott sogar noch weiter gegangen. Er hat ihm sein »Warum?« entgegengeschleudert, er hat von Gott sogar verlangt, sich zu rechtfertigen. Ihr Unglück hat diese Menschen in die Empörung und bis an die Grenze zur Rebellion getrieben, und auch für uns kann es erleichternd und befreiend sein, zu wissen: Wir müssen unser Leid nicht stumm und klaglos hinnehmen. Wir dürfen unserem Schmerz auch in drastischen Worten Luft machen. Wenn Propheten ihr Unglück nicht in sich hineingefressen haben, dann dürfen auch wir unsere Verzweiflung hinausschreien.

Nur eins glaube ich nicht: dass uns auf Dauer damit geholfen wäre, unser Leid dem Nichts zu klagen. Dass wir die Kraft zum Weiterleben leichter aufbringen würden, wenn wir uns von Gott lossagen, wenn wir unseren Schmerz, unsere Trauer, unsere Verzweiflung in einem leeren, gottlosen Raum abladen würden. Gerade im furchtbarsten Schmerz wird uns ja oft erst bewusst, wie sehr wir bisher auf Gott vertraut haben. Gerade dann leiden wir ja am meisten da-

runter, dass der Grund für unsere Lebenszuversicht erschüttert ist. Gerade dann vermissen wir diesen Gott, von
dem wir uns enttäuscht und im Stich gelassen fühlen, mehr
denn je. Und gerade dann wünschen wir uns nichts sehnlicher, als so kindlich wie früher daran glauben zu dürfen,
dass das Leben es gut mit uns meint und wir im finsteren
Tal nicht allein sind.

Ja, es mag verrückt sein, trotz allem an Gott zu glauben.
Realisten mögen darüber lächeln. Doch ohne Gott, das ahnen wir, würde die Angst zu unserem ständigen Begleiter.
Unsere Füße würden keinen Halt mehr finden. Wohl wahr,
die Welt wird durch unseren Glauben nicht weniger unberechenbar. Aber wäre das Leben in dieser Welt leichter zu
ertragen, müssten wir alles Unglück einem blinden Zufall
zuschreiben? Könnte uns der Gedanke, dass es Gott nicht
gibt, eher davor bewahren, in Resignation und Verzweiflung zu verfallen? Oder ist es nicht vielmehr so: Gerade
weil wir auf Messers Schneide leben, empfinden wir umso
beglückender die Zusage des 23. Psalms: »Der Herr ist mein
Hirte, mir wird nichts mangeln.«

Fürchtet euch nicht!

Immer häufiger habe ich den Eindruck: Die Angst geht um. Die kleine Angst vor der alltäglichen Überforderung und die große Angst vor dem großen Zusammenbruch.

Da sagt eine ältere Dame zu mir: »Früher war ich ein furchtloser Mensch. Mit der Zeit bin ich immer ängstlicher geworden. Ich habe Angst um meine Tochter, ich habe Angst um meine Enkel, ich habe Angst, nachts noch mit meinem Hund auf die Straße zu gehen. Und bis vor kurzem hielt ich diesen Zustand für normal.« Da sagt eine Studentin zu mir: »Ich fühle mich meinem Alltag nicht mehr gewachsen. Alles ist mir plötzlich zu viel. Dabei ist gar nichts Besonderes passiert. Aber auf einmal traue ich mich nicht mehr, anderen zu widersprechen. Traue ich mich überhaupt kaum noch unter Leute. Traue ich mich noch nicht einmal, meine E-Mails zu öffnen. Alle wollen etwas von mir, und ich – ich möchte nur noch fliehen.« Und schließlich sind da auch die vielen, im Süden Europas wie im Norden, die eine große Wirtschaftskrise kommen sehen und Angst davor haben, alles zu verlieren.

Es ist geradezu unheimlich, wie das Lebensgefühl in Angst umschlagen kann. Eben noch hat man sich sicher gefühlt – jetzt fühlt es sich an, als hätte man auf Sand gebaut. Der Boden unter den Füßen bewegt sich, und die Hände, die einen Halt suchen, greifen ins Leere. Einmal saß ich im Flugzeug, eine ältere Dame neben mir, und plötzlich, beim Start, nahm ich einen scharfen Geruch wahr. Es war der

Angstschweiß meiner Nachbarin. Genau in dem Augenblick, als wir abhoben, als das Flugzeug den Boden unter den Rädern verlor, bekam sie panische Angst. Genau dieses Gefühl scheint immer mehr Menschen zu erfassen.

Wenn es Ihnen auch so geht, möchte ich Ihnen einen Vorschlag machen. Schauen Sie mal in die Bibel. Und nehmen Sie die Bibel einmal nicht als heilige Schrift, sondern als ein Buch, in dem die Menschheitserfahrung von Jahrtausenden zusammengetragen ist. Überall ist da von Angst die Rede. Könige fürchten sich, Propheten fürchten sich, Jünger fürchten sich. Aber genauso oft lesen wir das göttliche »Fürchte dich nicht!« Als wäre es das wichtigste Anliegen Gottes, uns über die Angst hinwegzuhelfen.

Money, Money, Money

Macht Geld glücklich? Es gibt einen einfachen Test, um das herauszufinden. Wenn Geld glücklich machen würde, wäre Deutschland eine Insel der Seligen – wir gehören schließlich zu den reichsten Völkern der Erde. Und in Äthiopien würden die Allerunglücklichsten leben – schließlich gehören sie zu den ärmsten Menschen der Welt. Ist das so?

Ist es nicht. Bei allen Umfragen zeigt sich: Je ärmer, desto zufriedener! Je reicher, desto unzufriedener! Und wir Deutschen gehören zu den Unzufriedensten überhaupt. Wie es aussieht, vergeht den Reichen das Lachen eher als den Armen.

Fällt Ihnen jetzt Hans im Glück ein?

Sie kennen das Märchen. Hans tauscht einen Klumpen Gold so oft ein, bis er nur noch zwei Schleifsteine besitzt, und die fallen ihm zu seiner großen Freude auch noch in einen Brunnen. Jetzt hat er nichts mehr als das nackte Leben – und ist so glücklich wie eh und je. Stimmt mit dem Kerl was nicht? Ist er ein weltfremder Spinner?

Ist er nicht. Alle Erfahrungen, alle Statistiken sagen: Selbst ein hartes Leben macht die Armen nicht zu unglücklichen Menschen. Während jemand, der bei »Wer wird Millionär« einen Batzen Geld gewinnt, sich zunächst zwar freut, nach wenigen Wochen aber schon in seine alte Unzufriedenheit zurückfällt. Das Geld hält seine Versprechen nicht. Denn was uns in Wirklichkeit unglücklich macht, ist die Angst. Und was uns in Wirklichkeit glücklich macht, ist das Vertrauen. Das Vertrauen zu anderen Menschen. Das Vertrauen zum Leben. Das Vertrauen zu Gott. Niemand wusste das besser als Jesus Christus.

Manchmal erinnert er mich an Hans im Glück. Da spricht ein herrlicher, geradezu heiliger Leichtsinn aus ihm, wenn er sagt: »Schaut euch die Vögel am Himmel an; sie säen nicht, sie ernten nicht, und euer himmlischer Vater ernährt sie trotzdem. Und was soll diese Besessenheit, mit der ihr hinter schönen Kleidern her seid? Schaut euch die Lilien an. Sie arbeiten nicht, sie spinnen und weben auch nicht, und doch sind sie schöner gekleidet als Salomo in seinen prächtigsten Gewändern. Ihr habt nichts als euer leibliches Wohl im Kopf, dabei weiß euer himmlischer Vater, dass ihr dies alles braucht.« Solch ein Gottvertrauen heißt Glauben, und Glauben macht glücklich.

Zeit ist Glück

Die alte Dame heißt Anneliese. Sie ist 70, und als wir im Gespräch auf ihren Sohn kommen, ihren einzigen Sohn, sagt sie: »Tja, mein Sohn ... Wenn ich gefragt werde, was er macht, muss ich antworten: Nichts. Er ist jetzt 36, und er macht nichts. Hin und wieder nimmt er einen Job an, verdient ein bisschen Geld – und steigt bald wieder aus. Wenn ich ihn frage, warum er keinen Beruf ergreift, warum er sich nicht wenigstens auf eine feste Arbeit einlässt, antwortet er: Ich bin glücklich. Und er ist wirklich glücklich, das spüre ich. Zu glücklich, um zu arbeiten ... Vielleicht ist er ein Philosoph. Jedenfalls braucht er nicht viel zum Leben. Einen merkwürdigen Sohn habe ich da. Ist einfach glücklich, und basta ... Wenn ich früher gefragt wurde: Was macht dein Sohn?, ist es mir schwer gefallen, die Wahrheit zu sagen. Die geht einer Mutter nicht leicht über die Lippen. Aber heute macht es mir nichts mehr aus. Es stimmt ja: Er ist glücklich.«

Ein merkwürdiger Sohn, fürwahr. Wie ich erfahre, liegt er seiner Mutter auch nicht auf der Tasche. Niemandem liegt er auf der Tasche. Er scheint den geheimen Schlüssel zum Glück für sich entdeckt zu haben. Und vielleicht besteht dieses Glück nicht zuletzt darin, Zeit zu haben. Sehr viel Zeit – den ganzen Tag und die Nacht dazu. Mir fiel, als Anneliese so von ihrem Sohn erzählte, ein junges Mädchen ein – Miriam, 16 Jahre alt. Die sagte: »Ich lese nicht gern. Lesen macht mich nervös. Immer, wenn ich ein Buch aufschlage und zu lesen anfange, habe ich das Gefühl, mit meiner Zeit etwas Besseres anstellen zu können. Ich habe Angst, etwas zu verpassen. Da lese ich, und die Welt dreht sich ohne mich weiter. Das halte ich nicht aus. Nein, ich lese nicht gern.«

Auch Miriam kommt mir merkwürdig vor. Ein junger Mensch, und schon unter Druck. Schon innerlich gehetzt und abgehetzt. Lesen? Vergeudete Zeit. Machen müssen, tun müssen, dabeisein müssen, immer in der Außenwelt leben, nie zu sich selbst kommen ... Ob sie glücklich ist? Ich kann es mir nicht vorstellen. Aber Annelieses Sohn nehme ich sein Glück ab. Und bin ein bisschen neidisch auf ihn. Alle Zeit der Welt zu haben ... Auch wenn ich nicht so leben könnte wie er: Zeit ist Glück. Zeit – nicht Geld.

Ein Schlüssel zum Glück

Es regnet, auch in Rom. Im Vertrauen gesagt: Es kann hier in den Winter-Monaten sehr ungemütlich werden. Grau, feucht, kalt – man möchte sich in einem warmen Zimmer verkriechen, doch auch die Zimmer werden oft nicht richtig warm. Unweigerlich greift dann der Trübsinn um sich, nicht anders als bei Ihnen im Norden. Wir brauchen halt Wärme, wir brauchen Licht. Und jetzt sage ich Ihnen etwas: Es gibt eine Möglichkeit, Licht und Wärme in uns selbst zu erzeugen. Durch Singen.

Stellen Sie sich einmal plastisch vor: Sie singen in einem Chor. Als Frauen natürlich im Alt oder im Sopran. Wenn die Stimme mit der Zeit immer tiefer gerutscht ist, kann man als Frau aber auch im Tenor singen – und die wenigen Männer, die da sitzen, werden Ihnen dankbar sein, die brauchen nämlich Unterstützung. Einmal die Woche gehen Sie abends zu den Proben und üben ein neues Stück ein – ob das Gospel sind, ob das Kirchenlieder sind, ob das die anspruchsvollen Musikwerke der großen Komponisten sind, das ist egal. Anderthalb Stunden lang singen Sie. Am Anfang, wenn ein Stück neu ist und Sie noch unsicher sind, erst einmal zaghaft. Das wird nie etwas, stöhnen Sie innerlich, und schimpfen auf den Komponisten – auf Johann Sebastian Bach zum Beispiel, der einen Sänger kaum zu Atem kommen lässt, oder auf Wolfgang Amadeus Mozart, bei dem alles noch sauberer klingen muss als bei den anderen. Aber dann ... Je sicherer Sie werden, desto kräftiger wird Ihre Stimme. Und dann verlieben Sie sich in den Klang Ihrer Stimme. Sie verlieben sich auch in den Klang aller anderen Stimmen. Und irgendwann kommt der große Augenblick. Endlich werden Bass und Tenor, Alt und Sopran zusammengeführt, der volle, vierstimmige Klang erfüllt den Probenraum, und Ihnen ist schnurzegal, ob es draußen stürmt oder wie aus Eimern schüttet – Sie singen, Sie sind glücklich. Ihre Stimme ist der Schlüssel zum Glück, glauben Sie mir.

Das ist das eine. Das andere ist die Gemeinschaft. Selten fühlt man sich einander so nahe wie in einem Chor, gleichgültig, ob er aus 20, 50 oder 80 Leuten besteht. Neue Freundschaften entstehen. Und irgendwann reden Sie nicht mehr vom Wetter. Sie erzählen nur noch von »Ihrem« Chor.

Nicht lebenswert?

Ende letzten Jahres beschloss ein belgisches Brüderpaar zu sterben. Die beiden waren Zwillinge und bereits taub auf die Welt gekommen; jetzt drohten sie obendrein zu erblinden. In Belgien gibt es ein »Recht, zu sterben«, und in ihrer Verzweiflung machten sie davon Gebrauch – sie suchten und fanden einen Arzt, der ihnen die tödliche Injektion spritzte.

Nichts mehr zu hören, nichts mehr zu sehen, das ist schrecklich. Unsere Fantasie versagt bei dem Versuch, sich ein Leben in ständiger Dunkelheit und Stille vorzustellen. Ich will also nichts beschönigen – dennoch haben mich die Reaktionen auf diesen Fall im Internet entsetzt. Da wurden Stimmen laut, die den Freitod als die vernünftigste Lösung feierten, die ein Leben unter diesen Bedingungen kurzerhand als »nicht lebenswert« bezeichneten. Als könnte einem Schwerbehinderten nur durch eine tödliche Spritze geholfen werden.

Haben diese Stimmen recht? Ich will Ihnen eine Geschichte erzählen. Vor 13 Jahren bringt eine Frau ein behindertes Mädchen zur Welt. Nennen wir sie Kathrin. Kathrin ist blind, geistig behindert und körperlich behindert. Sie wird nie laufen, nie sehen, nie richtig sprechen können. Der Schock sitzt tief. Wenn Kathrin überlebt – was hat sie vom Leben zu erwarten?

Die Eltern nehmen sich ihrer liebevoll an, und Kathrin wächst heran. Sie ist immer dabei, im Rollstuhl. Sie ist auf

Reisen mit dabei, sie ist im Restaurant und bei Konzerten mit dabei. Kathrin liebt Musik. Sie kann stundenlang CDs hören. Im Konzert singt sie manchmal mit, und manchmal zeigt sie ihre Begeisterung durch laute Schreie an. Ihre Eltern bringen sie dann mit Schokolade zum Schweigen – was zu weit geht, geht zu weit. Über ihre Gefühle lässt Kathrin jedenfalls keinen im Zweifel. Wenn sie traurig ist, bringt sie es fertig, 14 Tage nichts zu essen. Aber meistens ist sie fröhlich. »Natürlich ist es anstrengend mit ihr«, sagt ihre Mutter. »Aber wir verdanken ihr auch wahnsinnig viel. Nicht zuletzt die Erfahrung, wie freundlich die allermeisten Menschen sind. In all den Jahren haben sich nur zwei Menschen an ihrer Behinderung gestört.« Kathrins Leben hätte fürchterlich werden können. Es ist anders gekommen.

Der große Irrtum

Kann es sein, dass viele von uns einen kapitalen Fehler machen? Einem großen und weit verbreiteten Irrtum aufsitzen? Und zwar, wenn es um das Glück geht. Ums Lebensglück. Nämlich den, ein beneidenswertes Leben mit einem glücklichen Leben zu verwechseln. Könnte es also sein, dass wir in Wirklichkeit an ein beneidenswertes Leben denken, wenn wir uns ein glückliches Leben wünschen?

Vielleicht ist das der größte Fehler, den man überhaupt machen kann. Denn »beneidenswert« ist nicht dasselbe wie »glücklich«. Im Gegenteil. Um beneidenswert zu wirken, muss man punkten, protzen, prahlen, mit einer makellosen Karriere, einer makellosen Figur und makellosen Kindern, muss also dick auftragen und zeigen, was man hat, und erst einmal haben, ordentlich viel haben, was wiederum bedeutet: schuften, scheffeln, anschaffen. Dann mag es irgendwann tatsächlich eintreten, dass man bei anderen Eindruck macht und beneidet wird und sich in den neidvollen Blicken seiner Mitmenschen sonnen kann – drei Geländewagen vor der Garage machen neidischer als zwei. Damit wäre man dann am Ziel. Aber gewöhnlich ist das Glück dabei auf der Strecke geblieben.

Denn um glücklich zu sein, braucht man das alles nicht. Neidische Blicke sind zwar reizvoll, aber teuer erkauft. Ihr Preis? Dass ich Freunden und Nachbarn immer dasselbe Schauspiel liefern muss. Dass ich immer dieselbe Fassade des Glücks aufrechterhalten muss, egal, wie düster es dahinter aussieht. Wahres Glück aber ist: nichts vorspielen müssen. Nichts beweisen müssen. Nicht unentwegt bella figura machen müssen. Wahres Glück ist Freiheit, ist die innere Unabhängigkeit vom Urteil des Publikums, ist der Luxus, sich selbst und allen anderen gegenüber ehrlich sein zu dürfen.

Und im Übrigen: Der Glückliche kennt keinen Neid. Bei dem verfängt das Theater mit dem beneidenswerten Leben nicht, und wenn sich die Schauspieler noch so ins Zeug legen. Der Glückliche lächelt bloß darüber, denn er weiß: Das beneidenswerte Leben führt man immer nur für andere. Das glückliche Leben aber führt man für sich selbst.

Manhattan ist überall

Sie haben es vielleicht in der Zeitung gelesen: In Manhattan wurde ein Mann von der U-Bahn überfahren und getötet. Er war von einem anderen auf die Gleise gestoßen worden, versuchte dann, sich auf den Bahnsteig zu retten, schaffte es aber nicht, die Bahnsteigkante war zu hoch. Wenige Sekunden, bevor der Zug ihn erfasste, nahm jemand ein Foto von ihm auf. Man sieht den Mann, wie er sich hochzuziehen versucht, und man sieht einen Bahnsteig voller Menschen. Keiner kommt ihm zu Hilfe.

Warum nicht?, fragen wir uns. Wie kann man da nur unbeteiligt bleiben? So unbeteiligt wie die beiden Männer im Gleichnis vom barmherzigen Samariter, Sie erinnern sich: Da liegt ein Verwundeter an der Straße von Jerusalem nach Jericho, er droht zu verbluten, und nacheinander kommen zwei Männer vorbei, die ihn dort sehen und liegen lassen. Erst der dritte, ein Mann aus Samaria, geht hin, kümmert sich um ihn und rettet ihm das Leben. Das ist Nächstenliebe, sagt Jesus – zupacken, wo gerade Hilfe nötig ist. Aber die Frage bleibt: Warum haben die beiden anderen den Verwundeten ignoriert?

Meiner Ansicht nach kommen wir mit dieser Frage zu einem entscheidenden Punkt. Zu dem Punkt, der den Unterschied zwischen gut und böse ausmacht. Das Entscheidende ist nämlich, ob wir uns ansprechen lassen. Ob wir uns überhaupt angesprochen fühlen. Die Wartenden in dem U-Bahnhof in Manhattan fühlten sich nicht angesprochen. Die beiden Männer auf der Straße nach Jericho fühlten sich nicht angesprochen. Sie alle hatten Augen im Kopf. Sie alle hatten auch Ohren. Sie sahen die Not dieses einen Menschen, sie hörten seine Schreie, sein Stöhnen. Aber die Verbindung zwischen ihren Augen und ihren Herzen war unterbrochen. Die Verbindung zwischen ihren Ohren und ihren Herzen war gestört. Und deshalb waren sie nicht ansprechbar für die Todesangst des Unglücklichen.

Wenn in den Evangelien immer wieder die Rede davon ist, dass Jesus Augen und Ohren öffnet, dann ist genau das gemeint: dass er die Verbindung zwischen unserer Wahrnehmung und unseren Herzen wiederherstellt. Zu jenem inneren Organ, mit dem wir die Stimme Gottes vernehmen. Damit wir zu ansprechbaren Menschen werden.

Little Flower

In Peking gibt es eine Organisation mit Namen »Little Flower Project«. Dieses Kleine-Blume-Projekt nimmt sich behinderter Waisenbabys an. Sie können sich denken, wie arm diese Kleinen dran sind: Sie haben niemanden sonst, sie sind noch hilfloser als andere Kleinkinder. Eine benediktinische Schwester leitet dieses Projekt zusammen mit einer Vielzahl von Volontären. Sie alle haben sich zur Aufgabe gesetzt, die große Schar behinderter Babys und Waisen und Kinder aus verarmten Familien menschenwürdig zu behandeln. Hier erfahren sie eine liebevolle Pflege, hier verhilft man ihnen auch zu den nötigen chirurgischen Eingriffen.

Ich las den neuesten Rundbrief dieser Ordensschwester. Darin schrieb sie, ein Volontär, ein Student aus Stanford in den USA, habe daheim eine Werbeaktion für dieses Projekt gestartet. Neben dem Artikel war eins seiner Poster abgebildet. »I made a kid smile – ich habe ein Kind zum Lächeln gebracht«, stand darauf, umrahmt von einer leuchtend rosaroten Blume und einem grünen Zweig. Eine wunderbare Idee, fand ich. Sehr passend für das Kleine-Blume-Projekt. Doch nicht nur dafür. Eigentlich sollten wir alle diesen Spruch zum Motto für unseren Alltag machen. Ein Kind zum Lächeln bringen – das ist doch, als wenn an einem grauen, wolkenverhangenen Tag die Sonne durchbricht.

Ich weiß nicht, ob Kinder so lächeln, so strahlen, wenn sie mit Spielsachen oder Keksen überschüttet werden. Aber ich weiß, dass sie so lächeln und strahlen, wenn sie wahrgenommen und beachtet und ernst genommen werden. Die größte Freude verursacht das Gefühl, als Mensch zu zählen. Liebe erzeugt Gegenliebe, und wie viel mehr rührt uns dieses Lächeln, wenn es im Gesicht eines behinderten Kindes erscheint! Welche Hoffnung geht damit einher – als wäre die grausame Macht von Not und Behinderung doch zu besiegen, als wären auch diese Ärmsten der Armen nicht vom Glück ausgeschlossen.

Übrigens funktioniert es auch bei Erwachsenen. Bei der Freundin, die im Krankenhaus liegt, und bei der Mutter, die auf ein Lebenszeichen von Ihnen wartet. Versuchen Sie es nur.

Eine ganz alltägliche Geschichte

Ein alter Mann hatte zwei Söhne ... So könnte ein Märchen beginnen. Aber die Geschichte, die ich erzählen möchte, hat sich so zugetragen. Eines Tages nämlich erfährt der alte Mann von seinem Hausarzt, dass seine Nieren nicht mehr richtig arbeiten. Er packt seine Tasche und geht ins Krankenhaus. Dort untersucht man ihn buchstäblich auf Herz und Nieren – und behält ihn acht Wochen lang da. Offenbar ist es ernst. Jeden Morgen muss er jetzt zur Dialyse und hängt vier Stunden an der Maschine; nachmittags fährt er in seinem Rollstuhl manchmal zu dem großen Fenster im Gang, wo das Sonnenlicht hereinflutet, um für eine Weile die Wärme zu genießen. Acht Wochen sind eine lange Zeit. Wer besucht ihn dort? Nicht viele. Die Frau, die ihm daheim im Haushalt hilft, und ein alter Freund. Wer sich nie sehen lässt, das sind seine zwei Söhne.

Beide sind verheiratet und wohnen nicht weit entfernt. Seit acht Jahren hat er sie nicht mehr gesehen. Damals hatte es Streit gegeben, seither schneiden sie ihren Vater. Und jetzt liegt der alte Mann in seinem Bett, langweilt sich, ängstigt sich, grämt sich, und seine Söhne lassen sich nicht blicken. Rufen nicht einmal an. Lassen ihren Vater im Stich.

Wie klein und eng muss ein Herz sein, das sich nicht einmal dem Leid des eigenen Vaters – oder der eigenen Mutter – öffnet? Wie feige muss ein Mensch sein, der alten Groll über sein Mitgefühl siegen lässt? Und wie gut kann man den Gram des alten Mannes verstehen, wie empörend findet man selbst das Verhalten der Söhne. Und doch ist es eine gewöhnliche Geschichte. Sie wiederholt sich täglich tausendfach. Und sie ist offenbar uralt, denn ...

Erinnern Sie sich an die Zehn Gebote?

Die ersten fünf regeln das Verhältnis des Menschen zu Gott. Die letzten fünf regeln das Verhältnis der Menschen untereinander. Und gleich das erste dieser letzten fünf Gebote lautet: »Du sollst deinen Vater und deine Mutter ehren.« Als wäre nichts wichtiger. Als wäre die Achtung vor den Eltern das A und O. Vielleicht, weil wir keinen schlimmeren Fehler begehen können als Undankbarkeit? Undankbarkeit ausgerechnet gegenüber den Menschen, denen wir das Leben verdanken? Dann würde am Ende alles irdische Glück auf Dankbarkeit beruhen?

Mir leuchtet das ein. Auch ich habe die Erfahrung gemacht, dass Dankbarkeit die Quelle der Liebe wie der Lebensfreude ist. Eigentlich müsste man gar nicht daran erinnern – können wir denn jemals vergessen, was unsere Eltern für uns getan haben? Doch schon vor 3000 Jahren scheint es solche Söhne gegeben zu haben wie die in unserer Geschichte – und solche Töchter. Nein, es ist keine neue Geschichte. Doch jedes Mal erschüttert sie uns, wie nur Undankbarkeit einen erschüttern kann. Aber – glüht der Funke der Dankbarkeit nicht in jedem Herzen? Warum entfachen wir ihn nicht, bevor es zu spät ist?

Morgengedanken

Werde ich heute erfolgreich sein? Dieser Gedanke beschleicht mich manchmal morgens auf dem ersten Gang des Tages, dem Gang zur Dusche. Und schon fange ich an zu grübeln. Was meinst du mit Erfolg?, frage ich mich. Woran wirst du deinen Erfolg messen?

Andere haben es da einfacher. Ein Erfolg ist alles, wobei ich gut abschneide, würden sie sagen. Jeder gelungene Geschäftsabschluss, jeder vorteilhafte Verkauf. Und ich? Mir steht heute eine Bausitzung bevor, wir bringen ja das alte Gemäuer von Sant'Anselmo immer noch auf Vordermann. Ich hoffe, dass diese Sitzung friedlich verläuft und wir zu einem einvernehmlichen Ergebnis kommen; gestern hatte es zwischen zwei Mitarbeitern richtig geknallt. Ich selbst verstehe nicht viel von den Details, ich weiß nicht, welches Material besser geeignet ist und wie die Abflüsse gelegt werden müssen. Höchstens bei der Farbwahl für die Fliesen kann ich mitreden. Aber was ich tun kann: Ich kann die Menschen zueinander bringen, ich kann Sachlichkeit in die hitzigen Debatten bringen, ich kann jeden zu Wort kommen lassen. Ich kann auch unbequeme Beobachtungen äußern, ohne dass jemand Angst haben müsste, bestraft oder gefeuert zu werden. Erfolgreich wäre ich, wenn gemeinsame Lösungen gefunden würden. Und vor allem, wenn ich die Sorgen und Befürchtungen meiner Mitarbeiter zerstreuen könnte.

Jedem sei sein spezieller Erfolg gegönnt. Soll der Tag sich für sie finanziell auszahlen, sollen sie ihre Abschlussprüfung bestehen, ihre Beförderung bekommen. Mein Erfolg lässt sich nicht berechnen, der ist höchstens spürbar. Erfolgreich wäre ich, würde ich einen Weg zu den Herzen meiner Mitmenschen finden. Wenn ich am Ende dieses Tages die Sorgen eines Menschen geteilt, einem Kranken zugehört oder meine Aufmerksamkeit einem Kind geschenkt hätte, das mir seine Erlebnisse mitteilen wollte. Mein Erfolg würde dann in dem Glücksgefühl bestehen, anderen etwas geschenkt zu haben und dabei selbst beschenkt worden zu sein. Und – ja, richtig! Wenn die Baustelle hier endlich verschwindet, auch das wäre für mich ein Erfolg.

Als das Warten sich noch gelohnt hat

In alten Filmen hört man noch manchmal einen Satz, der völlig aus der Mode gekommen zu sein scheint. Wenn zwei Abschied nehmen. Wenn der Geliebte in den Krieg zieht und sie zurückbleibt. Wenn die Geliebte ihn zum letzten Mal auf der Pier umarmt, bevor sie an Bord des weißen Überseedampfers geht. Wenn zwei, die sich lieben, getrennt werden. »Ich warte auf dich«, sagte dann einer manchmal zum anderen – und wartet tatsächlich.

Ich habe diesen Satz schon lange nicht mehr gehört oder gelesen. Man wartet wohl nicht mehr. Man erträgt das Warten wohl nicht mehr. Es passt nicht mehr zu uns und unserer Zeit. Wir sind Menschen, die vergessen haben, wie das geht, das Warten. Das Aufeinander-Warten, das wochenlange, monatelange, vielleicht sogar jahrelange Sehnen und Verlangen und Hoffen und Warten. Und wenn die Schöne von der Ranch dann vor dem allerletzten Kuss »Ich warte auf dich« sagt, in dem alten Schwarz-Weiß-Film, der spätabends noch im Fernsehen läuft, durchrieselt uns ein kleiner wehmütiger Schauer. Wir atmen einmal tief und denken: »Wie lange habe ich diesen Satz nicht mehr gehört ...«

Wie hat man früher bloß die Geduld aufgebracht? Wie hat man nur die Spannung ausgehalten? Wie hat man es ertragen, nur in Gedanken verbunden zu sein, nur hin und wieder einen Brief als Lebenszeichen zu erhalten, sonst aber nichts, gar nichts in Händen zu haben und im Herzen nur Hoffnung, Sehnsucht und den Mut zur Treue? Waren das früher größere, stärkere, kühnere Herzen? Oder waren es bescheidenere, anspruchslosere Herzen? Es waren auf jeden Fall kompromisslose Herzen. Den oder keinen! »Ich wusste, dass er es war. Und er war es«, sagte mir mal eine alte Dame, und zwischen der ersten Gewissheit und der letzten Gewissheit lagen 60 Jahre. Wer sich so sicher ist, der wartet – er kann nichts Besseres tun, denn es erwartet ihn nichts Besseres mehr.

Es wurde damals auch viel idealisiert? Mag sein. Doch wenn der realistische Blick bloß dazu führt, dass wir ungeduldiger, kurzatmiger, halbherziger und anspruchsloser werden, dann ziehe ich den anderen Blick vor. Den, der das große Glück voraussieht, auch wenn es noch in weiter Ferne liegt.